« tiré à part »
collection
dirigée
par
Jean-Pierre Cometti

PARADOXES DE L'IRRATIONALITÉ

© Donald Davidson.

© 1991 - Éditions de l'éclat, 30250 COMBAS. pour la traduction française et la présente édition.

DONALD DAVIDSON

PARADOXES DE L'IRRATIONALITÉ

traduit de l'anglais (USA)
par
Pascal Engel

« *tiré à part* »
ÉDITIONS DE L'ÉCLAT

Sources

« Paradoxes of irrationality » a été publié *in* Richard Wollheim et James Hopkins eds, *Philosophical essays on Freud*, Cambridge University Press, Cambridge 1982, pp. 289-305.

« Deception and Division » a été publié *in* Ernest Le Pore & Brian McLaughlin eds, *Actions and events, perspectives on the philosophy of Donald Davidson*, Backwell, Oxford 1985, pp. 138-148, et *in* John Elster ed., *The multiple self*, Cambridge University Press, Cambridge 1985.

« Rational Animals » a été publié dans *Dialectica*, 36, 1982, pp. 318-327.

Je tiens à remercier Donald Davidson d'avoir autorisé la traduction de ces essais.

Avant-propos

de

Pascal Engel

Dans *Les trois grosses dames d'Antibes*, Somerset Maugham raconte l'histoire de trois oisives obèses décidées à faire un régime, qui prennent pour partenaire au bridge une jeune femme mince et sportive, capable de garder sa ligne sans se priver de rien, et de plus excellente bridgeuse. Excédées par tant d'aisance, elles se remettent à goinfrer de plus belle.[1]
Je suis candidat à un poste universitaire. Je ne donne pas cher de mes chances : les autres candidats sont excellents, le directeur du département qui a ouvert le poste me hait cordialement et le profil du poste est « Philosophie espagnole », ce qui n'est pas du tout ma spécialité. Pourtant je me convainc que je suis aussi bon que les autres candidats, que le directeur fera taire ses sentiments personnels dans une élection universitaire, je découvre que ma pensée philosophique n'est pas si éloignée de celle d'Unamuno, et me rappelle que l'un de mes articles a été traduit en espagnol. Je crois que je serai élu.
Des cas de ce genre nous sont familiers, et nous avons l'impression de les comprendre trop bien : le poids des mauvaises habitudes, la capacité à prendre nos désirs pour des réalités. Il ne nous vient même pas à l'esprit de les blâmer ni des les considérer comme révélateurs de la psychologie d'un individu, sauf s'ils se répètent régulièrement, révélant un caractère ou une pathologie particulière. Dans ce cas, l'écrivain s'y intéresse parce qu'il veut montrer tel trait de la nature humaine, le psychologue parce qu'il se demande comment ces choses se produisent. Le philosophe se demande

---

1. *The complete short stories of Somerset Maugham*, Heinemann, Londres 1951, (tr. fr. *Les trois grosses dames d'Antibes et autres nouvelles*, Julliard, Paris 1981).

comment ces choses sont possibles. Il fait remarquer ce qu'il y a de paradoxal dans chacun des cas. Comment peut-on juger qu'une action est la meilleure et faire le contraire ? Comment peut-on avoir les meilleures raisons de croire quelque chose, et croire le contraire ? Ainsi décrites ces actions paraissent irrationnelles, et violer les normes les plus élémentaires de rationalité. Mais est-ce possible ? Socrate pensait que des actions du premier type sont impossibles : l'agent est simplement ignorant du bien. A certains moments, Aristote, qui ne nie pas la réalité du phénomène de l'*akrasia* ou de l'incontinence, semble penser qu'elle est due au fait que l'agent a oublié ses propres principes.[2] Dans un cas du second type, peut-on vraiment dire que l'agent *croit* le contraire de ce qu'il a toutes les raisons de croire ? Si l'on dit qu'il se ment à lui-même, se dupe ou se trompe lui-même,[3] un tel état est-il possible, puisqu'il semble impliquer que l'on croit sincèrement et littéralement deux propositions opposées ?

La possibilité de formes d'irrationalité telles que l'*akrasia* et la duperie de soi suppose que l'on réponde à trois groupes de questions distinctes mais étroitement liées entre elles. Un premier groupe de questions relève de la philosophie de l'action et à la philosophie de l'esprit entendues en un sens descriptif. Elles portent sur la nature de l'action, de son explication et des concepts mis en œuvre dans sa description (intention, croyance, raisonnement pratique, etc.), ainsi que

---

2. Cf. par ex. Platon, *Protagoras*, 352 sq. ; Aristote, *Éthique à Nicomaque*, 1151 a.

3. Le terme courant, dans les discussions anglo-saxonnes, est *self-deception*. Il pose un vrai problème philosophique de traduction. Bien qu'il y ait des formes verbales équivalentes à *to deceive oneself* ou *to be self deceived* (« se tromper soi-même, « s'abuser »,« s'illusionner », « se duper » ou « se leurrer »), elles n'ont pas de substantif correspondant. *Déception* ou *décevoir* ont perdu le sens de « tromper ». On ne peut pas traduire par « mensonge à soi-même », pour des raisons qu'indique ici Davidson (p. 55). (Peut-être le menteur qui croit à ses propres mensonges est-il un *self-deceiver*, mais c'est un cas trop spécifique). « Mauvaise foi » pourrait convenir, mais, outre qu'il n'y a pas de forme verbale transitive correspondante, son sens sartrien, trop particulier pour être assimilé à la *self-deception*, est trop prégnant. « Se tromper soi-même » appelle la confusion avec « se tromper » au sens usuel de « faire une erreur ». « S'illusionner » n'a pas de forme transitive claire (illusionner quelqu'un). Faute de mieux, j'ai traduit par « duperie de soi-même », en essayant de recourir le plus souvent à la forme verbale « se duper soi-même » ou « être dupe de soi-même ».

sur la nature des concepts mentaux que nous employons pour interpréter le comportement en général. Un second groupe de questions relève de ce que l'on peut appeler la métaphilosophie de la rationalité : quelles sortes de normes de rationalité utilisons-nous quand nous jugeons un comportement comme rationnel ou irrationnel ? Pourrions-nous utiliser d'autres normes et peut-il y avoir un conflit entre elles ? Les questions du troisième groupe concernent la description et l'explication des comportement irrationnels : quelles différences et quelles similarités y a-t-il entre l'akratique, celui qui se dupe lui-même, celui qui prend ses désirs pour des réalités ? Dans chacun des cas, le travail de description est essentiel. Certes désigner un certain comportement comme de l'*akrasia* ou de la duperie de soi-même n'est pas l'expliquer, mais il est douteux que nous puissions l'expliquer si nous ne sommes pas en mesure de le décrire. L'interprétation socratique montre que dans certains cas un désaccord sur la description peut conduire à nier l'existence du phénomène, et par là même à l'expliquer.

Depuis Platon et Aristote, toutes ces questions ont été au centre de la philosophie de l'esprit et de la psychologie philosophique, et la permanence des schèmes aristotéliciens dans la philosophie de l'action contemporaine atteste assez ce qu'elle doit au Stagirite.[4] Parmi les auteurs contemporains, Donald Davidson est peut-être le philosophe qui a donné l'analyse la plus systématique de tous ces problèmes, en formulant une théorie générale de l'interprétation des croyances et de l'action rationnelle.[5]

Dans « Actions, reasons and causes »,[6] Davidson défend une conception causale de l'action selon laquelle une action *A* est intentionnelle seulement si (a) on peut dire que l'agent avait des raisons (croyances, désirs, et autres attitudes propositionnelles) et si (b) il y a au moins une raison de *A* qui en est la cause. Si on laisse de côté la question de la nature de l'intention et de son lien aux raisons, la thèse controversée est (b).

---

4. Cf. D. Charles, *Aristotle's philosophy of action*, Duckworth, Londres 1984, et mon compte-rendu de ce livre, in *L'Age de la science*, n°3, 1990, pp. 267-274.

5. D. Davidson, *Essays on actions and events*, Oxford University Press, 1980, tr. fr. à paraître ; *Inquiries into truth and interpretation*, Oxford University Press, 1984.

6. Paru en 1963, in Davidson 1980, *op. cit.*

Nombre de philosophes, en particulier Wittgenstein,[7] considèrent que (b) est faux, parce qu'il implique, à travers le principe que là où il y a une cause il y a une loi, qu'il y a des lois mentales ou psychologiques. Mais, soutiennent ces philosophes, il n'y a pas de lois mentales, et les raisons sont seulement des rationalisations expliquant l'action à la lumière de principes téléologiques, qui ne peuvent donc être assimilés à des régularités causales comparables à celles qu'on trouve dans les sciences naturelles. Davidson s'oppose à cette conception sur deux points au moins. Le premier est qu'il tient, à l'instar d'Aristote, le lien entre les raisons et l'action comme un lien déductif constitutif d'un syllogisme pratique : les raisons étant posées comme prémisses, l'action s'ensuit comme conclusion. Le second est qu'il assimile les raisons et les causes sans que cela implique qu'il y ait des lois causales du mental. Cette thèse dépend de sa conception particulière de la causalité comme relation entre des événements : une cause est un événement qui produit un événement qui est son effet quelle que soit la manière dont ils sont décrits ; par conséquent un événement décrit d'une certaine manière peut causer un effet décrit d'une certaine manière, sans que cela implique que les descriptions puissent prendre la forme de lois. S'agissant de descriptions *physiques*, les événements peuvent être décrits comme tombant sous des lois. Mais s'agissant de descriptions mentales, ce n'est pas possible. Par suite une raison peut causer une action *en tant qu'*événement non mental ou physique, mais pas en tant qu'événement mental.[8]

Si l'on admet, comme Davidson, que certaines actions sont contraires au meilleur jugement de l'agent, alors ces actions posent un problème pour une théorie causale de l'action. Car si les raisons sont des causes, il est naturel de supposer que les raisons les meilleures sont aussi celles qui sont le plus susceptibles de causer l'action.[9] Or l'akratique

---

7. Cf. J. Bouveresse, *Philosophie, mythologie et pseudo-science. Wittgenstein lecteur de Freud*, L'Éclat, Combas 1991. Bouveresse a raison de dire (p. 90) que pour Wittgenstein les raisons peuvent être des causes. Mais cela ne l'amène pas pour autant à admettre le caractère causal des explications par les raisons.

8. Cette conception sous-tend toute la théorie davidsonienne du mental et son « monisme anomal ». Cf. « Mental events » (1968), in Davidson 1980, *op. cit.*

9. Davidson 1980, *op. cit.*, p. XII.

semble violer ce principe, et être irrationnel parce que son comportement paraît manifester une contradiction logique entre ses jugements évaluatifs (« Il est meilleur de faire *A* » et « Il est meilleur de faire *non-A* »). Dans « How is weakness of the will possible ? »,[10] Davidson révise sa conception déductive du raisonnement pratique, et soutient que la relation entre les raisons et l'action est plutôt inductive. On juge qu'une action est meilleure « tout bien considéré », c'est-à-dire à la lumière de toutes les données disponibles, et non pas inconditionnellement (*principe de continence*). Par son action intentionnelle de faire *non-A* alors qu'il juge meilleur de faire *A*, l'akratique montre qu'il juge *inconditionnellement* et absolument qu'il doit faire *A*. Mais ce jugement ne contredit pas son jugement initial, à savoir le jugement *conditionnel* et relatif selon lequel il est meilleur *prima facie* de faire *A*. La faute de l'akratique n'est donc pas une contradiction logique. Mais l'akratique n'est pas pour autant rationnel. Son irrationalité tient au fait qu'il a une raison d'agir (le plaisir, ou, dans le cas des grosses dames d'Antibes, l'indignation de voir quelqu'un garder sa ligne sans se priver de rien) qui n'est pas une *cause* (ou qui n'est pas la *bonne* cause) de son comportement.

Dans « Deception and division », Davidson considère les cas où l'on se dupe soi-même. Contrairement à l'*akrasia*, la duperie de soi-même n'est pas un type d'action, mais un type d'attitude cognitive, même si c'est une attitude cognitive qui implique des actions et a des effets sur le comportement. C'est une attitude contradictoire, puisqu'elle semble engendrer simultanément chez l'agent la croyance que *p* et la croyance que *non-p*. Mais cette irrationalité ne pourrait-elle pas être due au fait que *nous* attribuons à l'agent une contradiction ? Davidson rejette cette hypothèse, utilisant ici des considérations propres à sa théorie de l'interprétation : nous ne pouvons pas donner sens aux croyances d'un agent si nous ne le supposons pas minimalement rationnel et logique, en appliquant un principe de charité d'après lequel ses croyances sont pour la plupart vraies et non contradictoires autant que peuvent l'être les nôtres. Dans « Rational animals », Davidson soutient que c'est précisément parce que nous ne pouvons pas appliquer ces critères aux animaux qu'ils sont *non rationnels*, et par conséquent incapables d'être

---

10. (1970), in Davidson, 1980 *op. cit.* ; trad. franç. in *Philosophie* 3, Minuit, Paris sept. 1984, pp. 21-46, et P. Engel, « Aristote, Davidson et l'*akrasia* », *ibid.*, pp. 11-20.

irrationnels. Sans ces contraintes de rationalité *externes* (relatives à l'interprétation), nous ne pouvons pas qualifier un agent comme rationnel, mais nous ne pouvons pas non plus le caractériser comme irrationnel non plus. L'*akrasia* et la duperie de soi seraient impossibles si nous ne présupposions pas que les agents sont rationnels. Mais elles *sont* irrationnelles. Donc le ressort de cette irrationalité doit être *interne*, il doit être un conflit entre les propres normes de l'agent. La norme qui est violée dans la duperie de soi n'est pas tant la norme logique de non-contradiction, qu'un analogue cognitif du principe de continence : il faut croire ce qu'on a les meilleures raisons (cognitives) de croire. Celui qui se dupe lui-même a une croyance qui va à l'encontre de ce qu'il a les meilleures raisons de croire, au vu de toutes les données. Il induit en lui ce que Davidson appelle la « faiblesse de la garantie ». Comme dans l'*akrasia*, il a une raison d'avoir une telle croyance, mais cette raison n'est pas une cause : c'est un souhait, ou un désir, provoqué par le caractère désagréable de la pensée opposée.

A ce point on peut se demander si le moment n'est pas venu de quitter la description de l'irrationalité pour envisager son explication. Ce que Davidson décrit n'appelle-t-il pas un type d'explication psychanalytique familier ? La cause non rationnelle qui provoque la rupture de la chaîne des raisons-causes au comportement dans l'*akrasia* et l'incohérence interne de celui qui se dupe lui-même ne sont-elles pas tout simplement ce que Freud appelle le refoulement, et les désirs impliqués ne sont-ils pas des désirs inconscients ? Dans « Paradoxes of irrationality », Davidson fait à la fois un pas dans cette direction, et un pas pour s'en écarter. Il admet que l'existence de raisons qui ne sont pas des causes ne s'explique mieux si l'on postule, comme Freud, l'existence d'une partition de l'esprit en instances ou en sous-systèmes autonomes. Mais il rejette aussi l'idée que cette partition corresponde à la division du conscient et de l'inconscient. Comme beaucoup de philosophes (et en particulier Wittgenstein) il considère que l'explication de l'irrationalité par la présence de désirs et de croyances inconscients est une pseudo-explication, qui confond le vocabulaire psychologique des raisons avec celui (physique) des causes.[11]

---

11. Cf. Bouveresse 1991, *op. cit*. Davidson ne commet donc pas l'erreur, fréquemment dénoncée chez Freud, de placer dans chaque sous-système un petit « homoncule » qui aurait ses propres raisons, en décrivant l'inconscient en termes intentionnels (cf. Bouveresse, p. 51). Sa division entre systèmes est seulement fonctionnelle.

Dans le cas précis de l'*akrasia* et de la duperie de soi, il est faux que l'irrationalité soit nécessairement associée à des désirs inconscients : au contraire l'agent est conscient de ses valeurs et de ses croyances, il sait qu'il agit contre son meilleur jugement ou qu'il se contredit. Si l'inconscient est invoqué comme une force occulte et obscure (un « Principe de Médée ») on n'a ni une description correcte de ce qui se passe ni une explication satisfaisante. On peut donc décrire et expliquer l'irrationalité ni en présupposant (comme Platon) une rationalité totale des agents ni en présupposant chez eux une irrationalité fondamentale.

Cette analyse davidsonienne de l'irrationalité (ou plus exactement de certaines formes d'irrationalité) soulève bien des problèmes. En premier lieu, que veut dire Davidson quand il dit que l'agent irrationnel agit en vertu d'une cause qui n'est pas une raison ? Il ne veut pas dire que la cause est non rationnelle, comme peut l'être une cause physiologique (comme quand on dit que je suis en colère à cause de mon ulcère), ni que la cause est une cause mentale contingente, comme lorsque j'appelle en moi un souvenir de la Californie en fredonnant une chanson des Beach Boys. La cause non rationnelle est bien une raison, descriptible en termes intentionnels. Mais elle n'est pas une raison *de* ce qu'elle cause. Mais quand une raison est-elle une raison « appropriée » de ce qu'elle cause ? Davidson avoue ne pas pouvoir le dire.[12] Mais dans ce cas, comment la théorie causale de l'action peut-elle avoir un contenu effectif, et ne faut-il pas revenir simplement à la thèse wittgensteinienne que les raisons ne sont pas des causes ?[13] Si nous voulons maintenir l'analyse causale, il ne suffit pas de dire qu'il y a des causes mentales ou intentionnelles qui ne sont pas des raisons de ce qu'elles causent, mais il faut dire aussi en quoi elles ne sont pas des raisons *rationnelles*. Davidson nous donne seulement des critères négatifs : des normes de rationalité, comme le principe de la prise en compte de la totalité des données, sont violées. Son explication « positive », qui postule l'existence de sous-systèmes semi-autonomes dans l'esprit, demande aussi à être précisée. Car tout ce qu'il dit est qu'on a affaire à une division de l'esprit quand il y a rupture de la relation « ordinaire » raison-cause, et que les systèmes peuvent empiéter l'un sur l'autre. N'a-t-il pas alors besoin de l'équivalent de ce que

---

12. « Freedom to act », in Davidson 1980, *op. cit.*, p. 79.
13. Bouveresse, *op. cit.* p. 91.

Freud appelle l'aspect dynamique de l'inconscient pour analyser les relations entre les systèmes ? Une autre difficulté semble surgir de l'existence, dans l'*akrasia* et la duperie de soi, d'un conflit interne entre des normes rationnelles. L'agent akratique, selon Davidson, abandonne son principe de rationalité de second ordre selon lequel il doit être continent, pour choisir son plaisir, ou pour une autre raison « déviante ». Ne peut-on pas dire alors qu'il cesse d'être rationnel d'après son ancienne norme, mais l'est néanmoins d'après une nouvelle norme ? Il obéirait alors à un autre principe, par exemple que, toutes choses égales d'ailleurs, il a bien le droit de se faire plaisir (après tout, comme le suggérait Thomas de Quincey, Caligula et Néron avaient bien le droit de s'amuser).[14] A la fin de « Paradoxes of irrationality », Davidson suggère que ce pourrait être le cas quand on décide de changer son caractère et ses habitudes. Un agent dans cette condition n'est pas tant irrationnel qu'il n'ajuste ou change ses normes. Ce processus *peut* être rationnel. Mais à quelles conditions peut-il l'être ? Peut-on prendre la recherche du plaisir comme un norme de rationalité de l'action ? Et que dirions-nous d'un savant qui déciderait de se fier *exclusivement* à la chance pour formuler ses hypothèses scientifiques ? Mais dans ce cas, si les critères internes de « rationalité » de l'agent deviennent à ce point différents des critères usuels, avons-nous simplement le moyen de le comprendre, et pouvons-nous encore dire qu'il est rationnel ou irrationnel ? Sans aller jusque-là (et on ne voit pas bien ce qu'aller jusque-là voudrait dire), on peut se demander si la description de la rationalité et de l'irrationalité de Davidson n'implique pas une analyse trop « rationaliste » de ce qu'est une raison. L'agent a-t-il besoin de porter jugement sur ce qui est le meilleur pour agir ? Calcule-t-il ce qui est le meilleur ? Celui qui se dupe lui-même accepte-t-il — au sens d'un assen-

---

14. « — Béatrice, mais que faites-vous donc ? s'écria Franck de sa voix profonde.
On eût dit le grondement du tonnerre roulant sur les lointaines montagnes. Béatrice la regarda, imperturbable.
- Je mange, répondit-elle...
- Bon sang, je le vois bien, que vous mangez !
... Béatrice étalait une épaisse couche de beurre sur la délicieuse tartine chaude, recouvrait le beurre de confiture, et inondait le tout de crème.
- C'est du suicide ! dit Franck.
- Ça m'est bien égal, bredouilla Béatrice, la bouche pleine. » (Somerset Maugham, *op. cit.*).

timent sincère et réfléchi — la croyance qui contredit celle qu'il a les meilleures raisons de croire ? La raison elle-même n'est-elle pas, comme le disait Hume, souvent l'esclave des passions ?[15] Les mêmes remarques pourraient s'appliquer à son rejet de la pensée animale.[16]

Davidson, à mon sens, peut concéder tous ces points sans renoncer à sa théorie. Dans une certaine mesure ils font partie de son analyse, à condition qu'on ne les interprète pas comme niant le caractère irrationnel des comportements d'*akrasia* et de duperie de soi (par un retour tacite à la position socratique) ou comme niant à l'inverse ce qu'ils ont de rationnel (par un retour tacite au principe de Médée). Davidson, on l'a vu, admet aussi le caractère « herméneutique » des raisons, par opposition aux causes physiques. Mais nier que les raisons soient des causes mentales, et adopter une conception purement herméneutique de la rationalité de l'action, c'est aussi s'interdire toute possibilité de décrire ces actions comme irrationnelles : si tout ce que l'on peut faire, face à une action irrationnelle, c'est donner des raisons, alors où doivent s'arrêter nos rationalisations ? Ce n'est donc pas en abandonnant la théorie causale de l'action et notre conception usuelle de la rationalité mais en les affinant que l'on a des chances de rendre compte de l'irrationalité. Les psychologues, par exemple, nous apprennent que l'exercice de la raison humaine n'est pas exclusif d'illusions cognitives, et qu'on peut parler en ce sens de véritables perversions de la raison.[17] De même la conception « fonction-

---

15. Cf. A. Baier, « Rhyme and reason : reflections on Davidson's version of having reasons », in E. Le Pore & B. McLaughlin eds., *Actions and events, perspectives on the philosophy of Davidson*, Blackwell, Oxford 1985, pp. 116-129. Pour une analyse de la duperie de soi en termes d'une distinction entre « croyances centrales » réfléchies et croyances tacites plus ou moins inconscientes (mais pas en un sens freudien), cf. G. Rey « Towards a computational account of *akrasia* and self-deception », in B. McLaughlin & A. Rorty eds, *Perspectives on self-deception*, University of California Press, Berkeley 1989, pp. 264-296.

16. Dans « Animal interpretation », Le Pore & B. McLaughlin eds, 1985, *op. cit.*, pp. 481-487, R. Jeffrey soutient que l'on peut attribuer à un rat des raisonnements probabilistes élémentaires et en ce sens des raisons et des préférences. Il ne dit pas s'il y a aussi des rats akratiques.

17. Cf. R. Nisbett et L. Ross, *Human inference : Strategies and shorcomings of social Judgment*, Englewood Cliffs, New Jersey 1980 ; D. Kahneman et A. Tversky, *Judgment under uncertainty, heuristics and biases*, Cambridge University Press, Cambridge 1982 ; J. St B. Evans, *Biases in human reasoning*, Lawrence Erlbaum, Hove and London 1989.

nelle » envisagée par Davidson, qui voit dans la rupture des liens rationnels et des liens causaux la marque d'une division de l'esprit doit-elle sans doute être précisée et sa portée limitée.[18] Il y aussi un paradoxe de la rationalité : la raison humaine est à la fois forte et fragile. Ce n'est ni en exagérant sa force ni en exagérant sa fragilité qu'on peut comprendre ses défaillances.

---

18. Comme le fait David Pears dans *Motivated irrationality*, Oxford University Press, Oxford 1984.

PARADOXES DE L'IRRATIONALITÉ

Paradoxes de l'irrationalité *

La notion d'action, de croyance, d'intention, d'inférence ou d'émotion irrationnelle est paradoxale. Car ce qui est irrationnel n'est pas simplement ce qui est non rationnel, ce qui se tient hors des limites du rationnel ; l'irrationalité est un échec au domicile de la raison elle-même. Quand Hobbes dit que seul l'homme a « le privilège de l'absurdité », il suggère que seul un être rationnel peut être irrationnel. L'irrationalité est un état ou un processus mental — un processus ou état rationnel — qui ne tourne pas rond. Comment cela peut-il arriver ?

Le paradoxe de l'irrationalité n'est pas aussi simple que le paradoxe apparent contenu dans la notion d'une plaisanterie ratée, ou dans celle d'un objet d'art de mauvaise qualité. Le paradoxe de l'irrationalité a sa source dans ce qui fait partie de nos manières les plus fondamentales de décrire, de comprendre et d'expliquer les états et les événements psychologiques. Sophie est contente de pouvoir nouer une corde de proue. Il s'ensuit que son plaisir doit être dû à sa croyance qu'elle est capable de faire ce nœud et à son jugement positif sur la nature de cet exploit. On peut fournir d'autres explications, sans doute plus complexes, mais elles ne peuvent pas écarter celle-ci, parce qu'elle provient de la nature même de ce que c'est que d'être content que quelque chose se produise. Ou encore prenez les cas de Roger, qui a l'intention de réussir un examen en apprenant par cœur le Coran. Cette intention doit s'expliquer par son désir de réussir l'examen et

---

* Une première version de cet article fît l'objet d'une conférence Ernest-Jones devant la *British Psychoanalytical Association* le 26 Avril 1978. Le Dr Edna O' Saughnessy était rapporteur et j'ai profité de ses remarques instructives. Je dois aussi d'autres suggestions utiles à Dagfinn Føllesdal, Sue Larson et Richard Wollheim.

sa croyance qu'en apprenant par cœur le Coran il augmentera ses chances de réussir l'examen. L'existence de telles explications par les raisons fait partie des notions mêmes d'intention, d'action intentionnelle et de beaucoup d'autres attitudes et émotions. Ce genre d'explication explique par des rationalisations : elles nous permettent de voir que les événements ou attitudes sont raisonnables du point de vue de l'agent. Une aura de rationalité, de schème rationnel sous-jacent, est donc inséparable de ces phénomènes, tout au moins tant qu'on les décrit en termes psychologiques. Comment par conséquent pouvons-nous expliquer des pensées, des actions ou des émotions irrationnelles ou tout au moins tolérer qu'elles soient possibles ?

La théorie psychanalytique, telle que Freud l'a développée, prétend nous fournir un schème conceptuel à l'intérieur duquel nous pourrions décrire et comprendre l'irrationalité. Mais beaucoup de philosophes trouvent que la pensée de Freud contient des erreurs et des confusions fondamentales. C'est pourquoi je prends ici en considération certains éléments de cette pensée qu'on a souvent attaqués, qui consistent en quelques doctrines générales qu'on trouve au centre de tous les écrits du Freud de la maturité. Après avoir analysé le problème sous-jacent à toute explication de l'irrationalité, je conclus que toute conception satisfaisante de ce phénomène doit admettre certaines des thèses les plus importantes de Freud, et que lorsqu'on énonce ces thèses de manière suffisamment générale, elles ne recèlent aucune confusion conceptuelle. Il faut peut-être insister sur le fait que ma « défense » de Freud ne porte que sur certaines des idées de Freud, et que celles-ci se situent du côté conceptuel, et non pas empirique, de la chaîne des idées freudiennes.

La majeure partie de ce que l'on tient pour irrationnel ne suscite aucun paradoxe. Beaucoup de gens seraient prêts à dire qu'il est irrationnel, étant donné les dangers encourus, l'inconfort et le peu d'espoir de réussite de l'entreprise, d'escalader l'Everest sans oxygène (ou même avec). Mais si quelqu'un en fait la tentative, nous n'avons aucune difficulté à expliquer son action si celle-ci est entreprise par quelqu'un qui a pris en compte tous les faits disponibles, qui a pris en considération tous ses désirs, ambitions et attitudes, et a agi à la lumière de sa connaissance et de ses valeurs. Peut-être est-il en un sens irrationnel de croire en l'astrologie, aux soucoupes volantes, ou aux sorcières, mais de telles croyances peuvent avoir des explications ordinaires si elles sont fondées sur ce que ceux qui les ont considèrent comme des données fiables. Il est sensé d'essayer de trouver la quadrature du cercle si l'on ne sait pas que c'est impossible. Le type d'irrationalité qui pose un problème conceptuel ne tient pas à une incapacité qu'aurait quelqu'un à croire ou à éprouver ce que nous réputons raisonnable, mais plutôt à une absence, chez une même personne, de cohérence ou de non-contradiction dans la structure de ses croyances, de ses attitudes, de ses émotions, de ses intentions et de ses actions. Des exemples d'irrationalité sont le fait de prendre ses désirs pour des réalités [*wishful thinking*], agir à l'encontre de son meilleur jugement, croire quelque chose que l'on sait être en contradiction avec les faits.

En essayant d'expliquer ce genre de phénomène (en même temps que beaucoup d'autres, bien sûr) les freudiens ont avancé les thèses suivantes :
Premièrement, l'esprit contient un certain nombre de structures semi-indépendantes, que l'on peut caractériser au moyen d'attributs mentaux tels que des pensées, des désirs et des souvenirs.
Deuxièmement, les parties de l'esprit sont à bien des égards semblables à des personnes, non seulement parce qu'elles ont (ou sont) des croyances, des pensées, et d'autres traits psychologiques, mais aussi parce que ces facteurs peuvent se combiner, comme dans l'action intentionnelle, de manière à causer d'autres événements dans l'esprit ou en dehors de lui.
Troisièmement, il faut traiter certaines des dispositions, attitudes, et événements qui caractérisent les diverses sous-structures qui sont à l'intérieur de l'esprit d'après le modèle des dispositions et des forces physiques quand elles affectent, ou sont affectées par, les autres sous-structures de l'esprit.

Une autre doctrine dont je ne dirai que peu de choses est que certains phénomènes mentaux que nous supposons habituellement être conscients, ou tout au moins accessibles à la conscience, ne sont pas conscients, et ne peuvent devenir accessibles que difficilement, s'ils peuvent l'être. Sous la plupart de leurs aspects fonctionnels, ces états mentaux et événements inconscients sont semblables à des croyances, souvenirs, désirs, souhaits et craintes conscients.

J'espère que l'on s'accordera sur le fait que l'on peut trouver toutes ces doctrines chez Freud et qu'elles sont au centre de ses théories. Elles sont, comme je l'ai dit, beaucoup moins fortes et beaucoup moins précises que les conceptions de Freud. Mais même sous cette forme réduite, elles méritent d'être défendues, beaucoup plus que certains philosophes ne l'estiment possible. Les critiques auxquelles j'essaierai de répondre sont liées entre elles de diverses manières, mais elles sont essentiellement de deux types.

En premier lieu, on a souvent trouvé inintelligible l'idée que l'esprit puisse être scindé en diverses parties, parce que cela semble impliquer que des pensées, des désirs, et même des actions puissent être attribuées à quelque chose qui soit moins que, et par conséquent qui soit distinct de, la personne totale. Mais pouvons-nous donner un sens à des actes et à des attitudes qui ne sont pas celles d'un agent ? De plus, comme le suggère Sartre, la notion de responsabilité perdrait sa principale raison d'être si on détachait des actes et des intentions des personnes pour les attacher à des parties semi-autonomes de l'esprit. Les parties prendraient alors la place de la personne : chaque partie deviendrait une petite femme, homme ou enfant. Ce qui était un esprit unique devient un champ de bataille où des forces antagonistes s'affrontent, se trompent les unes les autres, cachent de l'information, inventent des stratégies. Comme Irving Thalberg et d'autres le font remarquer, il arrive même quelquefois qu'un segment se protège lui-même contre ses propres forces (des pensées).[1] L'agent premier peut apparaître comme une sorte de directeur du conseil d'administration, un arbitre ou un dictateur. Il n'est pas surprenant que l'on ait émis des doutes sur la possibilité d'échanger ces métaphores contre une théorie cohérente.

Un second ensemble de doutes — lié cependant au premier — concerne la méthodologie sous-jacente à ce genre d'explications. D'un côté, la théorie psychanalytique étend la portée des explications téléologiques ou des explications par les raisons en découvrant des motifs, des vœux et des intentions qu'on ne reconnaissait pas auparavant. A cet égard, comme on l'a souvent remarqué, Freud a largement augmenté le nombre et la variété des phénomènes qui peuvent être considérés comme rationnels : on a découvert que nous avons des raisons d'avoir des oublis, de faire des lapsus, ou d'avoir des peurs exagérées. Mais d'un autre côté, Freud entend conférer à ses explications ce que promettent souvent les explications dans les sciences de la nature : des analyses causales qui permettent un contrôle sur les événements. Dans cette veine, il applique à des événements et états men-

---

[1]. Voir Irving Thalberg, « Freud's anatomies of the self », in R. Wollheim & J. Hopkins eds, *Philosophical Essays on Freud*, Cambridge University Press, Cambridge 1982, pp. 241-263.

taux des termes empruntés à l'hydraulique, à l'électromagnétisme, à la neurologie et à la mécanique. Toulmin, Flew, McIntyre et Peters chez les philosophes ont à un moment ou à un autre suggéré que les théories psychanalytiques tentent l'impossible en essayant de ranger les phénomènes psychologiques (qui requièrent des explications en termes de raisons) sous des lois causales ; ils pensent que ceci rend compte de, mais ne justifie pas, l'usage constant fait par Freud, quand il parle de l'esprit, de métaphores empruntées à d'autres sciences.[2]

Il semble, par conséquent, qu'il y ait deux tendances inconciliables dans la méthodologie de Freud. D'un côté il voulait étendre la gamme des phénomènes susceptibles d'une explication par les raisons, et de l'autre il voulait traiter ces phénomènes de la même manière que l'on traite les forces et les états dans les sciences de la nature. Mais dans les sciences de la nature, où règne la causalité aveugle, il n'y a pas de place pour les raisons et les attitudes propositionnelles.

Afin d'évaluer ces critiques à l'encontre de la théorie psychanalytique, je voudrais tout d'abord rappeler en partie quelle est, à mon sens, l'analyse correcte de l'action intentionnelle normale. Ce n'est qu'ensuite que nous pourrons considérer l'irrationalité.

Un homme marchant dans un parc heurte une branche posée en travers d'une allée.[3] Pensant que la branche peut être un danger pour d'autres personnes, il la ramasse et l'envoie dans une haie avoisinante. Tandis qu'il s'en retourne chez lui, il lui vient à l'esprit que la branche pourrait se projeter en dehors de la haie et mettre encore en péril des promeneurs imprudents. Il descend du tramway dans lequel il était monté, retourne au parc, et remet la branche dans sa position initiale. Ici tout ce que fait l'agent (sauf heurter la branche) est fait pour une raison quelconque, une raison à la lumière de laquelle l'action correspondante était raisonnable. Étant donné que l'homme croyait que le bâton était un dan-

---

2. Voir, par exemple, Antony Flew, « Motives and the unconscious », in *Minnesota Studies in the Philosophy of Science*, vol 1, H. Feigl and M. Scriven eds, University of Minnesota Press, Minneapolis 1956 ; Alasdair McIntyre, *The unconscious*, Routledge, London 1958 ; R. S. Peters, *The concept of motivation*, Routledge, London 1958 ; Charles Taylor, *The explanation of behaviour*, Routledge, London 1965.

3. Cet exemple — mais pas l'usage que j'en fais — vient de la note 23 de Freud, « Notes sur un cas de névrose obsessionnelle », in *Cinq Psychanalyses*, P.U.F., Paris 1954.

ger quand il était dans la haie, il était raisonnable d'extraire le bâton de la haie et de le replacer dans l'allée. Étant donné que l'homme voulait retirer le bâton de la haie, il était raisonnable de descendre du tramway et de retourner au parc. Dans chaque cas les raisons de l'action nous disent ce que l'agent a vu dans son action, elles donnent l'intention avec laquelle il a agi, et elles donnent par là une explication de l'action. Une telle explication, comme je l'ai dit, doit exister si quelque chose qu'une personne fait doit compter effectivement comme étant une action.

De nombreux philosophes ont relevé la structure des explications par les raisons. Hume l'expose avec concision : « Demandez à un homme pourquoi il fait de l'exercice : il répondra que c'est parce qu'il désire rester en bonne santé. Si vous lui demandez alors pourquoi il désire rester en bonne santé, il répondra tout de suite que c'est parce que la maladie est douloureuse ».[4] Ce schème nous est si familier qu'il peut nous arriver de ne pas voir combien il est subtil. Ce qu'il faut expliquer est l'action, par exemple : faire de l'exercice. Au minimum, l'explication fait appel à deux facteurs : une valeur, un but, une volonté ou une attitude de l'agent, et une croyance qu'en agissant de la manière qu'il faut expliquer il peut promouvoir la valeur ou le but pertinent, ou qu'il agira en accord avec cette attitude. L'action d'un côté, et le couple croyance-désir qui donne la raison de l'autre, doivent être reliés de deux manières très différentes pour produire une explication. En premier lieu, il doit y avoir une relation logique. Les croyances et les désirs ont un contenu, et ces contenus doivent être tels qu'ils impliquent qu'il y a quelque chose de valable ou de désirable dans l'action. Ainsi un homme qui trouve quelque chose de désirable dans la santé, et qui croit que l'exercice le rendra sain, peut conclure qu'il y a quelque chose de désirable dans l'exercice, ce qui peut expliquer pourquoi il fait de l'exercice. En second lieu, les raisons qu'a un agent pour agir doivent, s'il faut qu'elles expliquent l'action, être les raisons pour lesquelles il a agi ; les raisons doivent avoir joué un rôle *causal* dans l'occurrence de l'action. Ces deux conditions de l'explication par les raisons sont toutes deux nécessaires, mais elles ne sont pas suffisantes, car certaines relations causales entre des couples croyance-désir et les actions ne fournissent pas des explications par les

---

4. David Hume, *An inquiry concerning the principles of morals*, ed. L. A. Selby-Bigge, The Clarendon Press, Oxford 1957, appendix I, p. 293.

raisons. (Cette complication ne nous concernera pas ici, bien qu'il y ait sans doute des actions irrationnelles qui relèvent de cette complication.) On n'a pas besoin d'en dire plus sur la nature de l'action pour voir pourquoi toutes les actions intentionnelles, qu'elles soient ou non, en un autre sens, irrationnelles, ont comme noyau un élément rationnel ; c'est cela qui produit l'un des paradoxes de l'irrationalité. Mais nous voyons aussi que l'on peut défendre Freud sur un point important : il n'y a pas de conflit intrinsèque entre les explications par les raisons et les explications causales. Puisque les croyances et les désirs sont des causes des actions dont elles sont les raisons, les explications par les raisons comportent un élément causal essentiel.

On peut étendre à de nombreux autres phénomènes psychologiques ce que l'on peut dire de l'action intentionnelle. Si une personne a l'intention de voler des choux de Bruxelles, alors, qu'elle exécute ou non son intention, l'intention elle-même doit être causée par un désir de posséder des choux de Bruxelles et une croyance qu'en les volant elle viendra à les posséder. (Une fois encore, l'aspect logique, ou rationnel, de l'intention est évident.) De même, la plupart de nos vœux, de nos espoirs, désirs, émotions, croyances et peurs dépendent d'une inférence simple (qu'on ne remarque sans doute pas habituellement) à partir d'autres croyances et attitudes. Nous craignons la pauvreté parce que nous croyons qu'elle amènera ce que nous tenons comme étant des maux ; nous espérons qu'il pleuvra parce que nous croyons que la pluie fera pousser les cultures, et nous voulons que les cultures prospèrent ; nous croyons que la pluie fera pousser les cultures sur la base d'inductions ou par ouï-dire ou d'après nos lectures, et ainsi de suite. Dans chacun de ces cas, il y a la connexion logique entre les contenus de diverses attitudes et croyances, et ce qu'elles causent.

La conclusion de ce qui précède est que le fait de postuler qu'un état ou événement psychologique est ou implique ce qu'on appelle, en un sens vague, une attitude propositionnelle revient à garantir la pertinence d'une explication par les raisons et, par conséquent, un élément de rationalité. Mais bien sûr si de tels états et événements peuvent être irrationnels, l'élément de rationalité ne peut pas empêcher qu'ils soient en même temps moins que rationnels. Considérez le cas d'une action où l'agent agit à l'encontre de ce qu'il croit, toutes choses considérées, être le meilleur (Aristote appelait un tel comportement « *akrasia* » ; on parle aussi d'« incontinence » ou de « faiblesse de la volonté »). Il est facile d'imaginer que l'homme qui est revenu dans le parc pour remettre la branche dans sa position initiale dans l'allée réalise que son action n'est pas sensée. Il a un motif pour déplacer le bâton, à savoir qu'il peut être dangereux pour un passant. Mais il a aussi un motif pour ne pas revenir sur ses pas, à savoir le temps et l'embarras que cela lui coûte. Selon son propre jugement, la seconde considération l'emporte sur la première ; et pourtant il agit pour la première raison. En bref, il va à l'encontre de son meilleur jugement.

Les philosophes et les moralistes se sont demandés comment expliquer ce genre de comportement au moins depuis Platon. Selon Platon, Socrate soutenait que puisque personne n'agit volontairement à l'encontre de ce qu'il sait être le meilleur, seule l'ignorance peut expliquer les actes insensés ou mauvais. On dit souvent que c'est un paradoxe, mais la conception de Socrate n'est paradoxale que parce qu'elle rejette ce que nous croyons tous, à savoir qu'il y a des actes akratiques. Si Socrate a raison — si de telles actions sont exclues de par la logique même des concepts — alors il n'y a rien de problématique dans les faits à expliquer. Néanmoins Socrate (ou Platon) a mis en lumière notre problème : il y a un conflit entre la manière habituelle dont nous expliquons l'action intentionnelle et l'idée qu'une telle action puisse être irrationnelle. Puisque la thèse selon laquelle aucune action intentionnelle ne peut être intrinsèquement irrationnelle se situe à l'un des extrêmes de la série de thèses possibles, donnons lui un nom : le *Principe de Platon*. C'est la doctrine de la rationalité pure.

A l'extrême opposé se tient le *Principe de Médée*. Selon cette doctrine, une personne peut agir à l'encontre de son meilleur jugement, mais seulement quand une force étrangère l'emporte, elle ou sa volonté. C'est ce qui arrive quand Médée réclame à sa propre main de ne pas tuer ses enfants. Sa main, ou la passion de vengeance qui se tient derrière elle, l'emporte sur sa volonté. Ce genre d'analyse de la faiblesse de la volonté est très populaire.[5] Et étant donné la nature de la thèse, ce terme convient bien, car la volonté de l'agent est plus faible que la passion qui lui est étrangère. Cette conception a particulièrement attiré les moralistes, parce qu'elle

---

5. Pour une discussion plus approfondie de ces sujets, et des références, voir mon article « How is weakness of the will possible ? », in Donald Davidson, *Essays on actions and events*, Oxford University Press, London 1980 ; [tr. fr. « Comment la faiblesse de la volonté est-elle possible ? », in *Philosophie*, 3, *op. cit.*].

suggère qu'il n'y a pas besoin d'autre chose pour vaincre la tentation qu'une résolution plus forte de faire ce qui est bien. Et pourtant c'est une étrange doctrine, car elle implique que les actes akratiques ne sont pas intentionnels, et par conséquent qu'ils ne sont pas en eux-mêmes des actions dont l'agent puisse être tenu comme responsable. Si l'agent est à blâmer, ce n'est pas pour ce qu'il a fait, mais parce qu'il n'a pas résisté avec assez de vigueur. Ce que l'agent s'est trouvé lui-même en train de faire avait une raison — la passion ou l'impulsion qui l'a emporté sur son meilleur jugement — mais la raison n'était pas *la sienne*. Du point de vue de l'agent, ce qu'il a fait était l'effet d'une cause qui venait de l'extérieur, comme s'il avait été mû par une autre personne.

Aristote suggérait que la faiblesse de la volonté est due à une sorte d'oubli. L'*akratès* a deux désirs ; dans notre exemple, il veut s'épargner du temps perdu et de l'effort, et il veut aussi enlever la branche. Il ne peut agir sous l'effet de deux désirs, mais Aristote ne le laisse pas aller jusqu'à apprécier la nature de son problème, car selon Aristote, l'agent perd un contact direct avec sa connaissance du fait qu'en ne retournant pas au parc, il peut s'épargner du temps perdu et des efforts. Ce n'est pas tant un cas où un désir conscient et un désir inconscient entrent en conflit ; on est plutôt en présence de deux connaissances, l'une consciente et l'autre inconsciente, et l'action se produit selon que c'est l'une ou l'autre connaissance qui est consciente.

Il y a des situations pour lesquelles l'analyse d'Aristote est appropriée, et d'autres situations qui sont réglées par le Principe de Médée. Mais de telles situations sont loin d'être les seules possibles, et ce ne sont pas les cas paradigmatiques d'*akrasia*, où l'agent agit intentionnellement tout en étant conscient du fait que tout bien considéré il peut adopter une ligne de conduite meilleure. Car quand le Principe de Médée est à l'œuvre, l'intention n'est pas présente ; et selon l'analyse d'Aristote l'agent n'est pas conscient du fait qu'une autre option est possible.

A la réflexion, il est évident que ni le Principe de Médée ni l'analyse d'Aristote ne rendent possibles des cas ordinaires de conflit, des cas dans lesquels un agent a de bonnes raisons à la fois pour adopter une certaine ligne de conduite, et pour s'abstenir de l'adopter ; ou, ce qui revient au même, de bonnes raisons de faire l'une et l'autre de deux choses qui s'excluent mutuellement. Des situations de ce genre nous sont trop familières pour qu'on ait besoin de chercher à leur donner une explication particulière ; normalement nous ne sommes pas paralysés quand nous sommes face à des demandes contradictoires, pas plus que nous ne supprimons une partie de l'information pertinente, ni n'enfonçons nos désirs au plus profond de nous-mêmes. Habituellement nous avons la capacité de faire face à des situations où une décision doit être prise, et nos décisions sont meilleures quand nous parvenons à prendre en compte toutes les considérations, à garder devant nous le pour et le contre.

Ce qu'il faut expliquer est l'action d'un agent qui, ayant pesé les raisons du pour et du contre, et ayant jugé que la prépondérance des raisons fait pencher la balance d'un côté, agit ensuite à l'encontre de ce jugement. Nous ne devons pas dire qu'il n'avait pas de raison d'agir ainsi, puisqu'il avait à la fois des raisons pour et des raisons contre. C'est parce qu'il a des raisons d'agir de cette manière que nous pouvons énoncer l'intention qui avec laquelle il a agi. Et comme toutes les actions intentionnelles, on peut expliquer son action en faisant référence aux croyances et aux désirs qui l'ont causée et qui l'ont motivée.

Mais bien que l'agent ait une raison de faire ce qu'il a fait, il avait des raisons meilleures, de son propre aveu, d'agir autrement. Ce qu'il faut expliquer n'est pas pourquoi l'agent a agi comme cela, mais pourquoi il *n'a pas* agi autrement, étant donné son jugement que tout bien considéré cette autre action aurait été meilleure.

Une personne consciente du fait qu'elle a à la fois des raisons de faire et des raisons de ne pas faire une certaine action ne doit pas être considérée comme étant dans un état contradictoire. Il s'ensuit que les principes moraux, ou les jugements qui correspondent aux désirs, ne peuvent être exprimés par des phrases comme « Il n'est pas bien de mentir » ou « il est bon de donner du plaisir ». Ce n'est pas le cas, en effet, si l'on entend ces phrases au sens naturel où elles expriment des énoncés universels comme « Tous les mensonges sont mauvais » ou « Tous les actes qui procurent du plaisir sont bons », car un seul et même acte peut être un mensonge et un acte qui procure du plaisir, et ainsi être à la fois mauvais et bon. D'après n'importe quelle théorie morale c'est une contradiction. Ou pour prendre un cas encore plus simple, si c'est bien de tenir ses promesses et mal de les rompre, alors quelqu'un qui, sans que ce soit sa faute, a fait des promesses incompatibles, fera quelque chose de mal s'il fait quelque chose de bien.

Il y a une solution à ce problème concernant la logique du raisonnement pratique. Elle consiste à reconnaître que les

principes évaluatifs ne doivent pas s'énoncer sous la forme
« Il est mal de mentir ». Car tous les mensonges ne sont pas
mauvais : il y a des cas où l'on doit mentir eu égard à une
considération plus importante. Le fait qu'une action soit un
mensonge, ou la rupture d'une promesse, ou qu'elle nous
fasse perdre du temps, est quelque chose qui pèse en défaveur de cette action, et qui doit être pesé en même temps
que d'autres raisons en sa faveur. Toute action que nous
accomplissons, ou que nous envisageons d'accomplir, a un
pour et un contre ; mais nous ne parlons de conflit que
quand les pours et les contres pèsent d'un certain poids et
sont près de s'équilibrer. Une déduction simple peut me dire
que si je veux tenir une promesse A, je dois être à Addis
Abeba à une certaine date, et que si je veux tenir une promesse B, je dois être à Bora Bora en même temps ; mais la
logique ne peut pas me dire laquelle des deux actions choisir.

Puisque la logique ne peut me dire laquelle choisir, on
ne voit pas bien en quoi l'une ou l'autre des actions serait
irrationnelle. L'irrationalité n'est pas plus évidente si nous
ajoutons que je juge que, tout bien considéré, je devrais tenir
la promesse A, et que pourtant je tiens la promesse B. Car le
premier jugement est seulement conditionnel ; à la lumière
de toutes les données dont je dispose, je devrais faire A ; et
ceci ne peut pas contredire le jugement non conditionnel
qui dit que je devrais faire B. La pure incohérence interne
n'intervient que si je soutiens aussi — comme c'est en fait le
cas — que je devrais agir d'après mon meilleur jugement, ce
que je juge être le meilleur ou obligatoire, tout bien considéré.

Si l'on donne, par conséquent, une description purement
formelle de ce qu'il y a d'irrationnel dans un acte akratique,
il faut dire que l'agent agit à l'encontre de son principe de
second ordre selon lequel il devrait agir d'après ce qu'il tient
comme étant le meilleur, tout bien considéré. Ce n'est que
quand nous décrivons son action de cette manière précise
que son explication fait problème. Car pour expliquer son
comportement, la seule chose que nous ayons besoin de dire
est que son désir de faire ce qu'il tenait comme le meilleur,
tout bien considéré, n'était pas aussi fort que son désir de
faire quelque chose d'autre.

Mais quelqu'un qui agit contre son propre principe sciemment et intentionnellement, comment pouvons-nous expliquer cela ? L'explication doit, c'est évident, contenir un trait
quelconque qui va au-delà du Principe de Platon ; sinon
l'action est parfaitement rationnelle. D'un autre côté, l'expli-

cation doit garder ce qu'il y a de central dans le Principe de Platon ; sinon l'action n'est pas intentionnelle. Une analyse du type suivant semble satisfaire les deux réquisits : il y a, nous en sommes d'accord, une explication par les raisons normales pour toute action akratique. Ainsi l'homme qui retourne au parc pour replacer la branche a une raison : éviter un danger. Mais en faisant cela, il ignore son propre principe selon lequel il doit faire ce qu'il pense être le meilleur, tout bien considéré. Et il est indéniable que son ignorance de ce principe a un motif, à savoir qu'il veut, peut-être très fortement, remettre la branche dans sa position initiale. Disons que ce motif explique bien le fait qu'il ne parvient pas à agir selon son principe. C'est à ce point que l'irrationalité fait son entrée. Car le désir de remettre la branche à sa place est entré dans sa décision à deux reprises. En premier lieu c'était une considération qui militait en faveur de l'acte de remettre la branche à sa place, une considération qui, selon l'opinion de l'agent, était moins importante que les raisons qu'il avait de ne pas retourner dans le parc. L'agent soutenait que tout bien considéré il ferait mieux de ne pas retourner dans le parc. Étant donné son principe selon lequel on devrait agir d'après cette conclusion, la chose rationnelle à faire était, bien sûr, de ne pas retourner dans le parc. L'irrationalité a fait son entrée quand son désir de retourner au parc l'a conduit à ignorer ou à abandonner son propre principe. Car bien que son motif pour ignorer ce principe fût une raison pour ignorer le principe, ce n'était pas une raison allant contre le principe lui-même, si bien que, quand il est intervenu de cette seconde manière, il n'était pas pertinent en tant que raison, pour le principe et pour l'action. L'irrationalité dépend de la distinction entre une raison d'avoir, et d'agir d'après, un principe, et une raison d'adopter ce même principe.

Un autre exemple, plus simple, permettra de rendre ce point plus clair. Supposez qu'un jeune homme souhaite très fortement avoir un joli veau et que ceci le conduise à croire qu'il a un joli veau. Il a une raison normale pour vouloir avoir cette croyance — cela lui procure du plaisir. Mais si toute l'explication du fait qu'il a cette croyance est qu'il voulait le croire, alors la présence chez lui de cette croyance est irrationnelle. Car le souhait d'avoir une croyance n'est en rien quelque chose qui peut confirmer la vérité de la croyance, pas plus qu'il ne peut la justifier rationnellement en quoi que ce soit. Ce que son désir d'avoir cette croyance rend rationnel est que la proposition suivante devrait être vraie : Il croit qu'il a un joli veau. Cela ne rationalise pas sa croyance : J'ai un joli veau. C'est un cas où l'on prend ses désirs pour des réalités [*wishful thinking*], un paradigme du type le plus simple d'irrationalité. Aussi simple soit-il, ce paradigme a une complexité que l'ambiguïté de l'expression « raison de croire » obscurcit.

Dans certains cas d'irrationalité il est improbable, et peut-être impossible, que l'agent soit totalement conscient de ce qui se passe dans son esprit. Si quelqu'un « oublie » que nous sommes aujourd'hui Jeudi parce qu'il ne veut pas se conformer à un engagement social qui lui est désagréable, cela exclut peut-être qu'il en soit conscient. Mais dans de nombreux cas, supposer que l'agent sait ce qui se passe ne soulève aucune difficulté logique. Le jeune homme peut savoir qu'il croit qu'il a un joli veau parce qu'il veut le croire, tout comme l'homme qui retourne dans le parc pour remettre la branche à sa place peut réaliser à la fois l'absurdité et l'explication de son action.

Dans les explications par les raisons ordinaires, comme nous l'avons vu, non seulement les contenus propositionnels de diverses croyances et désirs ont des relations logiques appropriées les uns avec les autres et avec les contenus de la croyance, de l'attitude ou de l'intention qu'ils aident à expliquer ; mais aussi les états réels de croyance et de désir causent l'événement ou état expliqué. Dans le cas de l'irrationalité, la relation causale demeure, alors que la relation logique manque ou est déformée. Dans les cas d'irrationalité que nous avons examinés, il y a une cause mentale qui n'est pas une raison de ce qu'elle cause. Ainsi dans le fait de prendre ses désirs pour des réalités, un désir cause une croyance. Mais le jugement qu'un état de chose est, ou serait désirable, n'est pas une raison de croire qu'il existe.

Il est clair que la cause doit être mentale en ce sens : c'est un état ou événement doué d'un contenu propositionnel. Si un oiseau qui vole au-dessus de nous cause la croyance qu'un oiseau vole au-dessus de nous (ou qu'un avion vole au-dessus de nous), la question de la rationalité ne se pose pas ; ce sont des causes qui ne sont pas raisons de ce qu'elles causent, mais la cause n'a pas de propriétés logiques, et ainsi ne peut pas par elle-même expliquer ou engendrer l'irrationalité (du type de celle que j'ai décrite). Peut-il y avoir d'autres formes d'irrationalité ? Ce n'est pas évident, et je n'avancerai rien sur ce point. Jusqu'à présent, ma thèse est seulement qu'on peut caractériser de nombreux exemples courants d'irrationalité par le fait qu'il y a une cause mentale qui n'est pas une raison. Cette caractérisation nous montre la voie pour fournir un type d'explication de l'irrationalité.

Une irrationalité de ce type peut survenir chaque fois que la rationalité est à l'œuvre. Tout comme les actions incontinentes sont irrationnelles, il peut y avoir des intentions d'agir irrationnelles, que ces intentions soient réalisées ou non. Des croyances peuvent être irrationnelles, tout comme de nombreux raisonnements. On peut montrer que de nombreux désirs et émotions sont irrationnels si on les explique par des causes mentales qui ne sont pas de raisons de ces désirs ou émotions. Le concept général s'applique aussi à des cas où l'on ne change pas ses croyances. Une personne est irrationnelle si elle n'est pas disposer à raisonner — si, ayant accepté une croyance ou attitude sur la base de laquelle elle aurait dû changer ses autres croyances, désirs, ou intentions en les adaptant aux nouvelles, elle ne fait pas ces modifications. Elle a une raison qui ne cause pas ce pour quoi elle est une raison suffisante.

Nous voyons maintenant comment il est possible de réconcilier une explication qui montre qu'une action, une croyance, ou une émotion est irrationnelle avec l'élément de rationalité qui est inhérent à la description et à l'explication de tous les phénomènes de ce genre. Ainsi nous avons analysé, tout au moins de façon préliminaire, l'un des paradoxes de l'irrationalité. Mais il y a aussi une seconde source de paradoxe qui ne se laisse pas dissiper aussi aisément.

Si des événements sont reliés par une relation de cause à effet, ils demeurent tels quel que soit le vocabulaire dans lequel nous choisissons de les décrire. Des événements mentaux et psychologiques ne sont tels que sous une certaine description, car ces mêmes événements sont en même temps des événements neurophysiologiques et, en dernière instance, physiques, bien qu'ils ne soient reconnaissables et identifiables comme faisant partie de ces domaines que quand on en donne des descriptions neurophysiologiques ou physiques. Comme nous l'avons vu, on n'a généralement pas de difficulté à expliquer des événements mentaux en faisant appel à des causes neurophysiologiques ou physiques : c'est indispensable pour expliquer la perception ou la mémoire, par exemple. Mais quand la cause est décrite en termes non mentaux, nous perdons nécessairement prise sur ce qui est nécessaire pour expliquer l'élément d'irrationalité. Car l'irrationalité n'apparaît que quand la rationalité est clairement en place, c'est-à-dire quand à la fois la cause et l'effet ont des contenus qui ont le type de relations logiques sans laquelle il n'y a pas de raison ou d'absence de raison. Des événements qui sont conçus seulement en termes de leurs propriétés physiques ou physiologiques ne peuvent pas être considérés comme des raisons, ou comme entrant en conflit, ou même comme ayant un contenu quelconque. Nous nous trouvons alors face au dilemme suivant : si nous pensons la cause sous une description neuronale, en négligeant son statut mental comme croyance ou comme un autre type d'attitude — si nous la considérons seulement comme une force qui agit sur l'esprit sans être identifiée comme étant une partie de l'esprit — alors nous ne parvenons pas à expliquer, ou même à décrire l'irrationalité. Les forces aveugles tombent dans la catégorie du non-rationnel, pas dans celle de l'irrationnel. Par conséquent nous introduisons une description mentale de la cause, ce qui en fait un candidat pour *être* une raison. Mais nous restons encore en dehors du seul schème d'explication clair qui puisse s'appliquer au mental, car ce schème requiert que la cause soit plus qu'un simple candidat pour être une raison ; elle doit être une raison, ce que, dans le cas présent, elle ne peut pas être. Pour expliquer un effet mental nous avons besoin d'une cause mentale qui soit aussi une raison pour l'occurrence de cet effet, mais si nous l'avons, l'effet ne peut pas être un cas d'irrationalité. Ou tout au moins à ce qu'il semble.

    Il existe cependant une manière pour un événement mental de causer un autre événement mental sans être une raison pour cet événement, sans qu'aucun problème ne se pose et sans que l'irrationalité surgisse nécessairement. C'est ce qui peut se passer quand la cause et l'effet surviennent dans des esprits différents. Par exemple, souhaitant que vous entriez dans mon jardin, je fais pousser une fleur de toute beauté dedans. Vous mourez d'envie de voir ma fleur de plus près et entrez dans mon jardin. Mon désir a causé votre envie et votre action, mais mon désir n'était pas une raison de votre envie, ni une raison qui vous a fait agir.(Peut-être ne connaissiez-vous même pas mon souhait.) Des phénomènes mentaux peuvent donc causer d'autres phénomènes mentaux sans des raisons pour ces phénomènes, et pourtant conserver leur caractère mental, pour autant que la cause et l'effet se trouvent séparées de façon appropriée. Les cas les plus évidents et les plus clairs sont ceux où il y a une interaction sociale. Mais je suggère que l'on peut appliquer cette idée à un seul et unique esprit et une seule et unique personne. Il va de soi que si nous devons effectivement expliquer l'irrationalité, il semble que nous devions supposer que l'esprit peut être scindé en plusieurs structures quasi-indépendantes qui interagissent de diverses manières sans que le Principe de Platon puisse l'autoriser ou l'expliquer. Pour constituer une structure de l'espèce requise, une partie de l'esprit doit manifester un degré de cohérence ou de rationalité plus important que celui que l'on attribue à l'ensemble de l'esprit.[6] Si cette condition fait défaut, l'analogie avec l'interaction sociale n'a plus de raison d'être. L'idée que je veux avancer est que si les parties de l'esprit sont, à un degré quelconque, indépendantes, nous pouvons comprendre comment elles sont capables de manifester des incohérences, et d'interagir à un niveau causal. Rappelez-vous l'analyse de l'*akrasia*. Je n'y ai pas mentionné l'idée d'une division de l'esprit parce que l'analyse se voulait plus descriptive qu'explicative. Mais la voie pourrait se libérer pour qu'une explication intervienne si nous devions supposer l'existence de deux départements autonomes de l'esprit, l'un qui trouve qu'une certaine ligne de conduite est, tout bien considéré, la meilleure, et une autre qui pousse à une autre ligne de conduite. De chaque côté, du côté du jugement sobre et de l'intention et de l'action continente, il y a une structure sous-jacente de raisons, de croyances interconnectées, d'attentes, d'hypothèses, d'attitudes et de désirs. Dresser la scène de cette manière laisse encore de nombreuses choses inexpliquées, car nous voulons savoir pourquoi cette double structure s'est développée, et aussi, sans doute, quelles sont ses conséquences psychiques et la manière de la guérir. Ce sur quoi je veux insister ici est que l'esprit divisé laisse le champ libre à des explications plus complètes, et nous aide à résoudre la tension conceptuelle qu'il y a entre le principe de Platon et le problème de l'explication de l'irrationalité.

La division que je propose ne correspond pas quant à sa nature ou à sa fonction à l'ancienne métaphore d'une bataille

---

6. Ici comme ailleurs, mon analyse extrêmement abstraite de la division de l'esprit diffère de celle de Freud. En particulier, je n'ai rien à dire quant au nombre ou à la nature des divisions de l'esprit, quant à leur permanence ou quant à leur étiologie. Je me propose seulement de défendre l'idée d'un compartimentage mental, et de soutenir qu'il est nécessaire si nous devons expliquer une forme commune d'irrationalité. Je devrais peut-être souligner que des expressions telles que « division de l'esprit », « partie de l'esprit », « segment », etc., sont trompeuses si elles suggèrent que ce qui appartient à une division de l'esprit ne peut pas appartenir à une autre. L'image que je cherche est celle de territoires qui se chevauchent.

entre la Vertu et la Tentation ou entre la Raison et la Passion. Car les désirs ou valeurs antagonistes que le phénomène de l'*akrasia* suppose ne suggèrent pas, selon mon analyse, en elles-mêmes l'irrationalité. Il va de soi qu'un jugement que, tout bien considéré, on devrait agir d'une certaine manière présuppose que les facteurs antagonistes ont été classés dans la même subdivision de l'esprit. Pas plus n'a-t-on affaire à une simple intervention d'une émotion hallucinée et étrangère, comme c'est le cas avec le Principe de Médée. Ce qui est requis est la présence d'éléments organisés, à l'intérieur de chacun desquels on trouve un degré suffisant de cohérence, et tels qu'un élément puisse agir sur un autre à la façon d'une causalité non rationnelle.

Le fait d'accorder un certain degré d'autonomie aux provinces de l'esprit dissipe dans une certaine mesure les problèmes que j'ai examinés, mais en soulève d'autres. Car dans la mesure où le principe de Platon ne permet pas d'expliquer le fonctionnement de l'esprit, de simples relations causales le remplacent, et on peut les résumer sous forme de lois. Mais la question se pose de savoir si le fonctionnement de l'esprit peut se réduire à des lois strictes déterministes quand les phénomènes sont identifiés en termes mentaux. Et ceci pour deux raisons. D'une part le domaine du mental ne peut pas former un système clos ; une bonne partie de ce qui s'y passe est nécessairement causé par des événements qui ne sont pas susceptibles de descriptions mentales. D'autre part, à partir du moment où nous considérons les relations causales entre les événements mentaux en faisant partiellement abstraction des relations logiques entre les descriptions de ces événements, nous entrons dans un domaine où un ensemble unifié et cohérent de principes constitutifs fait défaut : les concepts employés doivent être traités comme mixtes, comme obéissant en partie à leur connexions avec le monde des forces non mentales et en partie au fait qu'elles sont caractérisées comme mentales et comme dirigées vers un contenu propositionnel. Ces points affectent directement la question importante de savoir quelles sortes de lois ou de généralisations on pourra trouver dans ce domaine, et par conséquent la question de savoir jusqu'à quel point une science du mental peut être scientifique : c'est là cependant une question que je dois laisser de côté.

La reconnaissance de compartiments semi-indépendants dans le même esprit soulève cependant un autre problème. Nous attribuons des croyances, des objectifs, des motifs et des désirs à des gens parce que nous tentons d'expliquer et de prédire leur comportement, qu'il soit verbal ou autre. Nous décrivons leurs intentions, leurs actions et leurs sentiments à la lumière du schème le plus unifié et le plus intelligible que nous puissions établir. Le langage ne nous fournit pas plus un accès direct à ce schème qu'une autre forme de comportement, car le langage lui-même doit être interprété : bien sûr le langage requiert au moins deux niveaux d'interprétation, puisqu'il y a à la fois la question de ce que les mots d'un locuteur signifient et la question de ce qu'un locuteur veut dire en les énonçant. Ceci ne veut pas dire qu'un agent sait directement ce qu'il croit, veut ou a l'intention de faire d'une manière qui réduirait ceux qui l'observent à être de simples détectives. Car bien qu'il puisse souvent dire ce qui se passe dans son esprit, les mots d'un agent ont une signification au sein du domaine public : il appartient autant à l'interprète qu'à lui-même de dire ce que ses mots veulent dire. La manière dont il doit être compris est tout autant un problème pour lui que pour les autres.

C'est la multiplicité des facteurs mentaux qui produisent le comportement et le langage qui rend l'interprétation difficile. Pour donner un exemple, si nous savons qu'en énonçant certains mots un individu a voulu dire que le prix du plutonium était en train de monter, alors nous devons en général en savoir beaucoup plus sur ses intentions, ses croyances, et la signification des mots qu'il utilise. Si nous imaginons que nous partions de zéro pour construire une théorie qui pourrait unifier et expliquer ce que nous observons — une théorie des pensées, de l'émotion et du langage de l'individu — la difficulté de la tâche nous paraîtrait écrasante. Il y a trop d'inconnues pour le nombre des équations. La seule manière dont nous puissions nous attaquer à ce problème est d'utiliser une stratégie qui est simple à formuler, mais très difficile à appliquer. Cette stratégie consiste à partir du principe que la personne que nous devons comprendre est dans une large mesure semblable à nous. Il est indispensable de commencer par là, puis de s'écarter de cette stratégie au fur et à mesure que les données s'accumulent. Nous commençons par supposer que les gens ont, sur les sujets les plus généraux et les plus vastes, des croyances et des valeurs semblables aux nôtres. Nous sommes contraints de supposer que quelqu'un que nous désirons comprendre habite notre monde d'objets physiques macroscopiques, plus ou moins persistants dans le temps, et dotés des dispositions causales habituelles : que son monde, comme le nôtre contient des gens qui ont des esprits et des motifs, et qu'il partage avec nous le désir de trouver chaleur, amour, sécurité et succès, et le désir d'éviter la douleur et la détresse. Au fur et à mesure que nous progressons dans les détails, ou vers des sujets qui d'une manière ou d'une autre sont moins centraux pour notre pensée, nous pouvons de plus en plus facilement admettre des différences entre nous et les autres. Mais à moins que nous ne puissions interpréter les autres comme partageant une grande partie de ce qui constitue notre sens commun, nous ne serons pas capables d'identifier l'une quelconque de leurs croyances, de leurs désirs et de leurs intentions, ni l'une quelconque de leurs attitudes propositionnelles.

Pourquoi ? En raison du caractère holistique du mental. La signification d'une phrase, le contenu d'une croyance ou d'un désir, n'est pas une chose qui puisse lui être attaché indépendamment des autres croyances ou désirs. Nous ne pouvons pas attribuer intelligiblement la pensée qu'un morceau de glace est en train de fondre à quelqu'un qui n'a pas une multiplicité de croyances vraies au sujet de la nature de la glace, de ses propriétés physiques liées à celles de l'eau, du froid, de la solidité, etc. Une seule attribution de croyance repose sur la supposition qu'il en existe de nombreuses autres — une infinité d'autres. Et parmi les croyances que nous supposons qu'a un individu, beaucoup d'entre elles doivent être vraies (de notre point de vue), si certaines d'entre elles seulement doivent pouvoir être comprises par nous. Il s'ensuit que la clarté et la robustesse de nos attributions d'attitudes, de motifs et de croyances, sont proportionnelles au degré de cohérence et de correction que nous trouvons chez les autres. Nous trouvons souvent, et avec raison, que les autres sont irrationnels et qu'ils ont tort ; mais de tels jugements sont d'autant plus étayés qu'il peut y avoir un accord plus large. Nous comprenons quelqu'un mieux quand nous le tenons comme rationnel et sage, et cette compréhension est ce qui donne à nos controverses avec lui un contour plus net.

Il ne fait pas de doute, cependant, que le principe de la charité inévitable de l'interprétation s'oppose à la division de l'esprit en diverses parties. Car la raison même pour laquelle cette division a été proposée était de permettre à des croyances, désirs et sentiments contradictoires ou conflictuels d'exister au sein du même esprit, alors même que la méthodologie fondamentale de toute interprétation nous dicte l'idée que la contradiction est le germe de l'inintelligibilité.

C'est une question de degré. Nous n'avons pas de difficulté à comprendre de petites perturbations sur fond d'un arrière-plan qui nous inspire dans une large mesure de la sympathie, mais si on s'écarte trop du réel et de la cohérence notre aptitude à décrire et à expliquer ce qui se passe en termes mentaux commence à être menacée. Ce qui limite la quantité d'irrationalité dont nous pouvons comprendre les ressorts psychologiques tient à quelque chose de purement conceptuel ou théorique — le fait que les états et événements mentaux ne sont tels qu'en vertu de leur localisation dans un espace conceptuel. D'un autre côté, ce qui détermine la quantité et le type de cohérence et de correspondance avec la réalité que nous pouvons trouver chez nos semblables est la fragilité de la nature humaine : l'incapacité, de la part de l'interprète, à avoir de l'imagination et de la sympathie pour ce qu'il rencontre, et l'imperfection obstinée de celui qui fait l'objet de l'interprétation. Le paradoxe sous-jacent de l'irrationalité, qu'aucune théorie ne peut vraiment éviter est le suivant : si nous l'expliquons trop bien, nous en faisons une forme déguisée d'irrationalité ; alors que si nous attribuons l'incohérence avec trop de désinvolture, nous ne faisons que compromettre notre capacité à diagnostiquer l'irrationalité en retirant l'arrière-plan de rationalité requis pour justifier un diagnostic quelconque.

Ce que j'ai essayé de montrer, par conséquent, est que les traits généraux de la théorie psychanalytique que j'ai relevés comme problématiques aux yeux des philosophes et d'autres théoriciens sont, si mon analyse est correcte, des traits que l'on retrouvera dans toute théorie qui se propose d'expliquer l'irrationalité.

Le premier trait était qu'il faut considérer l'esprit comme ayant deux structures semi-autonomes ou plus. Nous avons vu que ce trait était nécessaire pour rendre compte des causes mentales qui ne sont pas des raisons des états mentaux qu'elles causent. Ce n'est qu'en divisant l'esprit en parties qu'il semble possible d'expliquer comment une pensée ou une impulsion peut en causer une autre avec laquelle elle n'a pas de relation rationnelle.

Le second trait revenait à assigner un type particulier de structure à une division ou plus de l'esprit : une structure similaire à celle qui était requise pour expliquer les actions ordinaires. Ceci requiert une constellation de croyances, d'objectifs et d'affects du type de ceux qui, à travers l'application du Principe de Platon, nous permettent de caractériser certains événements comme ayant un but ou comme étant les produits d'une intention. Nous n'avons pas besoin de pousser l'analogie jusqu'au point de parler des parties de l'esprit comme d'autant d'agents différents. Ce qui est essentiel est que certaines pensées et sentiments de la personne soient conçus comme entrant en interaction les uns avec les autres de manière à produire des conséquences sur les principes de l'action intentionnelle, ces conséquences servant en retour de causes, mais pas de raisons, pour d'autres événements mentaux. La rupture des relations entre les raisons définit les frontières d'une subdivision. Bien que je parle ici, avec Freud, de parties et d'agents, il ne semble pas qu'il y ait quoi que ce soit de métaphorique. Les parties sont définies en termes de fonctions ; en dernière instance en termes des concepts de raison et de cause. L'idée d'une subdivision quasi-autonome ne requiert pas qu'il existe un petit agent au sein de cette subdivision ; à nouveau les concepts opératoires sont ceux de cause et de raison.

Le troisième trait qui a attiré notre attention était que certains événements mentaux peuvent devenir de simples causes relativement à d'autres événements mentaux au sein du même esprit. Nous avons vu aussi que toute analyse de l'irrationalité requérait l'existence de cette propriété. C'est un trait dont, comme je l'ai montré, on peut rendre compte, mais pour en rendre compte, nous devons admettre un certain degré d'autonomie entre diverses parties de l'esprit.

Les trois éléments de la théorie psychanalytique sur lesquels je me suis concentré — la division de l'esprit en sous-parties, l'existence d'une structure forte au sein de chaque partie quasi-autonome, et les relations causales non logiques entre les parties — ces trois éléments se combinent pour nous permettre de fournir le fondement d'une description et d'une explication cohérente de diverses sortes d'irrationalité. Ils permettent aussi de rendre compte, et de justifier le mélange chez Freud des explications ordinaires par les raisons et d'interactions causales plus proches de celles qui interviennent dans les sciences de la nature, des interactions où la raison ne joue pas son rôle normatif et rationalisateur habituel.

Finalement je dois faire mention de la thèse selon laquelle de nombreux phénomènes mentaux qui sont en temps normal accessibles à la conscience ne sont quelquefois ni conscients ni aisément accessibles à la conscience. La raison pour laquelle je n'ai rien dit de cette thèse est que je pense que les objections pertinentes que l'on a faites à l'idée d'états et événements inconscients trouvent leur réponse si l'on montre que la théorie peut être acceptée sans poser l'existence de tels événements ou états. Il est frappant, par exemple, que rien dans la description de l'*akrasia*, ne requiert l'existence d'une quelconque pensée ou qu'un quelconque motif inconscient — et en fait j'ai critiqué Aristote pour avoir introduit quelque chose comme une forme de connaissance inconsciente là où cela n'était pas nécessaire. Le cas le plus ordinaire d'*akrasia* est celui dans lequel l'agent sait ce qu'il fait, et pourquoi, et sait que ce n'est pas ce qu'il a de mieux à faire, et sait pourquoi. Il reconnaît sa propre irrationalité. Si tout ceci est possible, alors on ne peut pas rendre cette description intenable en supposant que quelquefois certains des désirs et pensées sont inconscients.

Si à une théorie qui par ailleurs ne prête pas le flanc aux objections nous ajoutons l'hypothèse qu'il y a des éléments inconscients, tout ce que nous pouvons faire est d'essayer de rendre la théorie plus acceptable, c'est-à-dire capable d'expliquer plus de choses. Car supposez qu'un génie tel que Freud nous conduise à réaliser que si nous postulons certains états et événements mentaux nous pourrions expliquer de nombreux comportements qui autrement resteraient inexpliqués, mais que nous découvrions que le comportement verbal associé à ces événements n'est pas conforme au schème normal. L'agent nie qu'il ait les attitudes et les sentiments que nous lui attribuerions. Nous pouvons réconcilier l'observation et la théorie en stipulant l'existence d'événements et d'états inconscients qui, indépendamment du fait qu'ils ne sont pas directement accessibles, sont semblables à des croyances, désirs et émotions inconscients. Il y a, à coup sûr, d'autres difficultés qui peuvent surgir ici. Mais il semble que ce soit des difficultés qui proviennent d'autres problèmes : les événements mentaux inconscients ne s'ajoutent pas aux autres problèmes mais les accompagnent naturellement.

J'ai soutenu qu'un certain schème d'analyse s'applique à des cas importants d'irrationalité. Il est possible qu'une version quelconque de ce schème puisse intervenir dans tout cas d'incohérence « interne » ou d'irrationalité. Mais ce schème nous donne-t-il une condition suffisante pour l'irrationalité ? Il semble que ce ne soit pas le cas. Car des cas simples d'association ne comptent pas comme irrationnels. Si je m'arrange pour me souvenir d'un nom en fredonnant un certain air, il y a une cause mentale de quelque chose pour laquelle il n'y a pas une raison ; et de même pour quantité d'autres cas. Bien plus intéressante et bien plus importante est une certaine forme d'autocritique et de réforme que nous tendons à tenir en haute estime, et dont on a pensé qu'elle faisait partie de l'essence même de la rationalité et qu'elle était la source de la liberté. Malgré cela il s'agit clairement d'une forme de causalité mentale qui transcende la raison (au sens quelque peu technique que j'ai donné à ce concept). Je veux parler d'un certain type de désir ou de valeur du second ordre, et des actions qu'il peut déclencher. Ceci arrive quand une personne forme un jugement positif ou un jugement négatif à propos de ses propres désirs, et agit pour changer ses désirs. Du point de vue du désir qui a été changé, il n'y a pas de raison motivant ce changement — la raison vient d'une source indépendante, et elle est fondée sur des considérations supplémentaires, et en partie contraires. L'agent a des raisons de changer ses propres habitudes et son propres caractère, mais ces raisons ne proviennent pas nécessairement d'un domaine de valeurs nécessairement extérieur aux contenus des conceptions ou des valeurs qu'il souhaite voir changer. La cause du changement, si elle intervient, ne peut par conséquent pas être une raison de ce qu'elle cause. Une théorie qui ne pourrait pas expliquer l'irrationalité serait aussi une théorie qui serait incapable d'expliquer nos efforts salutaires, et les succès occasionnels que nous rencontrons, quand nous cherchons à nous critiquer et à nous améliorer nous-mêmes.

Duperie et division

Celui qui se dupe lui-même n'éprouve d'habitude aucune difficulté majeure ; au contraire, cela lui ôte en général le poids de pensées dont les causes échappent à son contrôle. Mais le fait qu'on se dupe soi-même est bien un problème pour la psychologie philosophique. Car quand nous réfléchissons au phénomène de la duperie de soi-même [*self deception*], comme quand nous réfléchissons sur d'autres formes d'irrationalité, nous sommes tentés d'adopter deux lignes de pensée qui entrent en conflit l'une avec l'autre. D'un côté, il n'est pas évident qu'on ait affaire à un véritable cas d'irrationalité tant qu'on ne peut pas identifier une véritable contradiction dans la pensée de l'agent, c'est-à-dire quelque chose qui est contradictoire d'après les critères de l'agent lui-même. D'un autre côté, quand nous essayons d'expliquer de manière un peu plus précise comment l'agent a pu se trouver dans un tel état, nous nous prenons à inventer une forme quelconque de rationalisation que nous attribuons à celui qui se dupe lui-même, et ainsi nous nous trouvons ainsi en train d'éliminer la contradiction interne que nous lui avions attribuée. Il est notoire que le fait de se duper soi-même pose problème, parce que dans certaines de ses manifestations, il semble requérir non seulement que nous disions que quelqu'un croit à la fois une proposition et sa négation, mais aussi que nous soutenions que l'une des croyances vient à l'appui de l'autre.

Considérez les quatre énoncés suivants :

(1) D croit qu'il est chauve.
(2) D croit qu'il n'est pas chauve.
(3) D croit (qu'il est chauve et qu'il n'est pas chauve).
(4) D ne croit pas qu'il est chauve.

Dans le type de duperie de soi-même que j'examinerai ici, une croyance comme celle rapportée par (1) est une condition causale d'une croyance qui la contredit, telle que (2). Il est tentant, évidemment, de supposer que (2) implique (4), mais si nous admettons cela, nous nous contredirons nous-mêmes. Dans notre tentative de donner une description non contradictoire de la disposition d'esprit contradictoire de D, nous pourrions dire alors que puisque D croit à la fois qu'il est chauve et qu'il n'est pas chauve (ce qui est la raison pour laquelle (4) est faux) il doit par conséquent croire qu'il est chauve et non chauve, comme l'énonce (3). Il faut rejeter cette conséquence : rien de ce que peut dire ou faire quelqu'un ne pourrait nous fournir une raison suffisante pour justifier que nous lui attribuions une croyance manifestement contradictoire, de la même manière que rien ne pourrait justifier l'interprétation d'une phrase affirmée sincèrement et littéralement comme vraie si et seulement si D est à la fois chauve et non chauve, bien que les mots prononcés puissent avoir été « D est chauve et n'est pas chauve ». Il est possible de croire chacun de ces énoncés sans croire la conjonction des deux. Notre tâche, par conséquent, consiste à expliquer comment quelqu'un peut avoir des croyances comme (1) et (2) sans mettre (1) et (2) ensemble, même s'il croit (2) parce qu'il croit (1).

On peut généraliser le problème de la manière suivante. Il est probable qu'il arrive rarement qu'une personne soit certaine qu'une proposition donnée est vraie et en même temps certaine que sa négation est vraie. Il est plus habituel de rencontrer la situation dans laquelle la somme des données disponibles pour l'agent pointe en direction de la vérité d'une certaine proposition, ce qui fait que l'agent est enclin à la croire (ou à la traiter comme étant plus probablement vraie que fausse). Cette inclination (ou probabilité subjective très élevée) l'entraîne, selon des modalités qu'il nous faudra examiner, à rechercher, à favoriser, ou à mettre en valeur ce qui pourrait renforcer la fausseté de la proposition, ou à ignorer ce qui pourrait la rendre vraie. Il s'ensuit que l'agent est plus enclin à croire la négation de la proposition initiale, même si la totalité des données dont il dispose va à l'encontre de cette attitude. (L'expression « est enclin à croire » est trop anodine pour certains des états d'esprits que j'entends décrire ; peut-être peut-on dire que l'agent croit que la proposition est fausse, mais n'est pas tout à fait certain de cela.)

S'il l'on caractérise ainsi la duperie de soi-même, elle devient à plus d'un égard semblable à la faiblesse de la volonté. La faiblesse de la volonté consiste à agir intentionnellement (ou à former l'intention d'agir) sur la base de moins que la totalité des raisons que l'on reconnaît comme étant pertinentes. Une action accomplie avec une volonté faible prend place dans un contexte de conflit ; l'agent akratique a ce qu'il considère comme des raisons à la fois pour et contre une certaine ligne de conduite. Il juge, sur la base de toutes ses raisons, qu'une certaine ligne de conduite est meilleure, et pourtant opte pour une autre ; il a agi « contrairement à son meilleur jugement ».[1] En un sens, il est facile dire pourquoi il a agi de cette façon, parce qu'il avait des raisons d'accomplir cette action. Mais cette explication écarte l'élément d'irrationalité présent ; elle n'explique pas pourquoi l'agent agit contre son propre meilleur jugement.

Un acte qui manifeste de la faiblesse de la volonté pèche contre le principe normatif selon lequel on ne devrait pas intentionnellement accomplir une action quand on juge, sur la base de toutes les considérations qu'on considère comme étant disponibles, qu'une autre ligne de conduite également possible serait meilleure.[2] Ce principe, que j'appelle le Principe de Continence, implique une forme fondamentale de cohérence dans la pensée, l'évaluation, et l'action. Un agent qui agit en accord avec ce principe a la vertu de continence. On ne sait pas bien si une personne pourrait ne pas reconnaître la norme de continence ; je vais à présent examiner cette question. En tous cas, il est clair qu'il y a beaucoup de gens qui acceptent cette norme mais qui de temps à autre ne parviennent pas à agir conformément à elle. Dans des cas de ce genre, non seulement les agents ne parviennent pas à rendre leurs actions conformes à leurs propres principes, mais ils ne parviennent pas non plus à raisonner comme ils pensent devoir raisonner. Car leur action intentionnelle montre qu'ils ont donné une valeur plus élevée à l'acte qu'ils accomplissent que celle que leurs principes et leurs raisons leur enjoignent de donner.

La duperie de soi-même et la faiblesse de la volonté se renforcent souvent l'une l'autre, mais elles ne sont pas une seule

---

1. J'analyse la faiblesse de la volonté dans « How is weakness of the will possible ? », in *Essays on actions and events*, Clarendon Press, Oxford 1980.
2. Quelles sont les considérations qui sont « disponibles » pour l'agent ? Cela inclut-il seulement l'information qu'il a, ou bien est-ce que cela comprend aussi l'information qu'il pourrait (s'il la connaissait ?) obtenir ? Dans cet essai je dois laisser la plupart de ces questions ouvertes.

et même chose. On peut le voir du fait que le résultat de la faiblesse de la volonté est une intention ou une action intentionnelle, alors que le résultat de la duperie de soi-même est une croyance. La première est une attitude évaluatrice produite à la suite d'une défaillance, alors que la seconde est une attitude cognitive produite à la suite d'une défaillance. La faiblesse de la volonté est analogue à une certaine erreur cognitive, que j'appellerai *faiblesse de la garantie*. La faiblesse de la garantie peut se produire quand une personne a des données à la fois pour confirmer et pour infirmer une hypothèse. La personne juge que, relativement à toutes les données qui lui sont disponibles, l'hypothèse est plus probable que non probable, et pourtant il n'accepte pas l'hypothèse (ou la force de sa croyance en la vérité de l'hypothèse est plus forte que la force de sa croyance en la vérité de la négation de l'hypothèse). Le principe normatif contre lequel l'agent a péché est ce que Hempel et Carnap appellent *le réquisit de la totalité des données disponibles pour le raisonnement inductif* [requirement of total evidence] : quand nous sommes en train de choisir au sein d'une ensemble d'hypothèses mutuellement exclusives, ce réquisit nous enjoint de donner créance à l'hypothèse qui est la mieux étayée par toutes les données pertinentes disponibles.[3] La faiblesse de la garantie a, de toute évidence, la même structure logique (ou plutôt la même structure illogique) que la faiblesse de la volonté ; la première implique l'existence d'une croyance irrationnelle formée en présence de données entrant en conflit avec cette croyance, la seconde une intention irrationnelle (et peut-être aussi une action irrationnelle) formée en présence de valeurs entrant en conflit avec cette intention (ou cette action). L'existence d'un conflit est une condition nécessaire des deux formes d'irrationalité, et peut dans certains cas être une cause du dérapage, mais rien dans des conflits de ce genre ne requiert ni ne révèle nécessairement une défaillance de la raison.

La faiblesse de la garantie ne tient pas simplement au fait que l'on néglige certaines données dont on dispose (bien que le fait de négliger quelque chose « à dessein » puisse être une autre affaire, et avoir un rapport avec la duperie de soi), pas plus qu'elle ne revient à être incapable de réaliser que le fait que ce que l'on sait ou croit confirme ou infirme une certaine hypothèse. Prise au pied de la lettre, l'anecdote sui-

---

3. Voir Carl Hempel, *Aspects of scientific explanation*, The Free Press, New York 1965, pp. 397-403.

vante ne montre pas que je me suis dupé moi-même. Avec un compagnon nous épiions les animaux du Parc National Amboselli au Kenya. Sans guide nous ne fûmes même pas capables de découvrir un guépard ; nous engageâmes donc un guide officiel pour une matinée. Après avoir raccompagné le guide aux Services Centraux du Parc, voici ce que je dis à mon compagnon : « C'est dommage que nous n'ayons pas trouvé de guépard ; c'est le seul gros animal que nous n'ayons pas réussi à voir. Dis donc, tu ne trouves pas que ce guide avait une drôle de voix haut placée ? Et crois-tu qu'il arrive souvent qu'un homme dans ce coin s'appelle « Hélène » ? Je suppose que c'est l'uniforme officiel, mais c'est bizarre qu'il ait porté une jupe ». Et mon compagnon de répondre : « Il était une elle ». Ma supposition initiale était stéréotypée et stupide, mais à moins que j'aie envisagé l'hypothèse que le guide était une femme et que je l'aie rejetée en dépit de toutes les données en présence, ce n'était pas un cas où l'on est dupe de soi-même. D'autres peuvent songer à des explications plus profondes de mon obstination à faire l'hypothèse que notre guide était un homme.

Supposez que (quel que soit le fin mot de l'histoire) j'aie effectivement envisagé la possibilité que le guide soit une femme, et que j'aie rejeté cette hypothèse en dépit de toutes les données qui me poussaient à penser le contraire. Cela montrerait-il nécessairement que j'étais irrationnel ? C'est difficile à dire tant que nous ne sommes pas capables de faire une distinction nette entre le fait de ne pas avoir certains critères de raisonnement et le fait de les avoir mais de ne pas réussir à les appliquer. Supposez, par exemple, que bien que j'aie eu les données à ma disposition, j'aie été incapable de reconnaître ce pour quoi ces données étaient pertinentes ? Quelque chose de ce genre *peut* sans aucun doute se produire. La question de savoir si cette explication est plausible dépend des circonstances exactes de la situation. Il faut donc insister sur le fait qu'il n'y a pas d'échec du raisonnement inductif tant que les données disponibles ne sont pas reconnues comme étant effectivement des données pertinentes. Et ne pourrait-il pas arriver que bien que les données disponibles soient reconnues comme des données pertinentes, le fait que la totalité de l'information disponible ait rendu une hypothèse éminemment probable ait été ignoré ? Cela aussi peut se produire, aussi peu probable que cela puisse paraître dans tel cas particulier. Il y a une infinité d'autres questions de ce genre que la tortue peut poser à Achille (du fait qu'il y a autant de lacunes qu'un raisonnement fautif peut ne pas combler que de lacunes qu'un raisonnement non fautif doit ne pas combler). Je veux donc poser une question supplémentaire, sans essayer de spécifier toutes les conditions qui définissent un cas absolument clair de faiblesse de la garantie. Quelqu'un doit-il accepter le réquisit de la totalité des données pour le raisonnement inductif avant que son incapacité à agir en conformité avec le réquisit ne révèle l'irrationalité de son comportement ? Cette question soulève plusieurs problèmes.

Nous ne devrions pas exiger de quelqu'un qui accepte ce réquisit qu'il raisonne ou pense conformément à ce réquisit, car si nous l'exigions une véritable incohérence — une incohérence *interne* — de ce genre serait impossible. D'un côté, il serait absurde de supposer que quelqu'un puisse accepter le principe et que néanmoins il agisse rarement ou n'agisse jamais conformément à ce principe ; ce qui définit au moins en partie le fait d'accepter un tel principe c'est le fait de manifester qu'on suit ce principe quand on pense et quand on raisonne. Si nous admettons, par conséquent, comme je crois que nous devons le faire, que ce qui définit l'« acceptation » ou la possession d'un principe comme celui de la totalité des données par une personne est le fait que les pensées de cette personne se conforment à ce principe, nous pouvons très bien imaginer qu'une personne possède le principe sans en être consciente ou capable de l'articuler. Mais nous pourrions vouloir ajouter à cet énoncé conditionnel évident (« une personne n'accepte le réquisit de la totalité des données pour le raisonnement inductif que si cette personne est disposée à s'y conformer dans les circonstances appropriées ») une ou des conditions supplémentaires, par exemple qu'il est plus probable que les gens se conforment au principe quand ils ont un peu plus le temps de réfléchir, quand la charge émotionnelle qui pèse sur leurs conclusions est moins forte, ou quand ils bénéficient d'une assistance socratique explicite.

La faiblesse de la garantie chez quelqu'un qui accepte le réquisit de la totalité des données tient, on le voit, au fait que l'on perde une coutume ou une habitude. Dans un cas de ce genre la faiblesse de la justification manifeste une incohérence et est nettement irrationnelle. Mais que se passe-t-il si quelqu'un n'accepte pas le réquisit ? Ici se pose une question très générale à propos de l'irrationalité : qui dicte les critères d'après lesquels la norme est fixée ? Devons-nous dire que quelqu'un dont la pensée ne satisfait pas le réquisit de la totalité des données peut être irrationnel d'après les critères d'un certaine personne mais pas (dans le cas où il n'accepte pas le réquisit) d'après ses propres critères ? Ou devons-nous dire que l'incohérence interne est une condition nécessaire de l'irrationalité ? Il n'est pas facile de voir comment on peut distinguer ces questions, parce que la cohérence interne est elle-même une norme fondamentale.

Quand on a affaire à des normes fondamentales, on ne peut pas distinguer clairement ces questions. Car en général plus une incohérence est manifeste aux yeux d'un observateur extérieur, moins cet observateur peut utiliser, en essayant d'expliquer l'aberration apparente, la distinction supposée entre ses propres normes et celles de la personne qu'il observe. Des différences relativement minces peuvent prendre forme et s'expliquer sur un arrière-plan de normes partagées, mais il y a plus de chances pour que des déviations importantes par rapport aux critères fondamentaux de rationalité soient le fait de l'interprète plutôt que des traits propres à la psychologie de l'interprété. Il n'y a pas à chercher bien loin pour expliquer ce fait. Les croyances, etc. d'une personne ne sont comprises par une autre que dans la mesure où cette première personne peut attribuer ses propres propositions (ou phrases) aux diverses attitudes de l'autre. Du fait qu'une croyance ne peut rester la même croyance si elle perd les relations qu'elle entretient avec d'autres croyances, la même proposition ne peut pas servir à l'interprétation des attitudes particulières de deux personnes différentes tout en entretenant avec les autres attitudes de l'une des personnes des relations très différentes de celles qu'elle entretient avec les attitudes de l'autre personne. Il s'ensuit qu'à moins qu'un interprète ne puisse reproduire dans ses grandes lignes son propre schème d'attitudes chez une autre personne il ne peut pas identifier de manière sensée l'une quelconque des attitudes de cette personne. C'est seulement parce que les relations d'une attitude à une autre ont des ramifications si nombreuses et complexes — logiques, épistémologiques et étiologiques — qu'il est possible de donner un sens à certaines des déviations par rapport à nos propres normes que nous constatons chez autrui.

On voit à présent que la question soulevée il y a quelques paragraphes, de savoir si l'irrationalité chez un agent requiert l'existence d'une contradiction *interne*, une déviation par rapport aux propres normes d'une personne, est mal posée. Car si les normes sont fondamentales, elles ont un rôle constitutif dans l'identification des attitudes, ce qui veut dire que la question de savoir si quelqu'un les « accepte » ne peut pas se poser. Toutes les contradictions véritables reposent sur une déviation par rapport aux propres normes de la personne. C'est vrai non seulement des contradictions logiques manifestes mais aussi de la faiblesse de la volonté (comme Aristote l'avait remarqué), de la faiblesse de la garantie, et de la duperie de soi-même.

Il me faut encore dire en quoi consiste le fait d'être dupe de soi-même, mais je peux à présent énoncer plusieurs choses à son sujet. La duperie de soi-même inclut la faiblesse de la garantie. Pourquoi ? Parce que la proposition relativement à laquelle une personne se dupe elle-même est une proposition qu'elle n'accepterait pas si elle ne commettait pas son erreur ; elle a de meilleures raisons pour accepter la négation de la proposition. Et comme dans la faiblesse de la garantie, celui qui est dupe de lui-même sait qu'il a de meilleures raisons pour accepter la négation de la proposition qu'il accepte, au moins en ce sens : il réalise que moyennant certaines autres choses qu'il connaît ou accepte comme des données pertinentes, la négation de la proposition qu'il accepte est plus probablement vraie que cette proposition ; et pourtant il accepte cette proposition sur la base d'une partie seulement de ce qu'il tient comme étant les données pertinentes.

C'est à ce point précis que la duperie de soi-même va plus loin que la faiblesse de la garantie, car la personne qui se dupe elle-même doit avoir une *raison* pour sa faiblesse de la garantie, et elle doit avoir joué un rôle dans l'émergence de celle-ci. La faiblesse de la garantie a toujours une *cause* (tout a une cause), mais dans le cas où l'on est dupe de soi-même, c'est l'agent lui-même qui induit la faiblesse de la garantie (il l'a *produite* lui-même). L'analyse de la faiblesse de la garantie ou de celle de la faiblesse de la volonté n'implique pas que l'abandon par l'agent de ses propres normes soit motivé (bien qu'il le soit sans doute très souvent) ; mais se duper soi-même implique bien un tel abandon. Pour cette raison il est instructif de considérer un autre phénomène qui ressemble à certains égards à la duperie de soi : le fait de prendre ses désirs pour des réalités [*wishful thinking*].

Réduit à sa plus simple analyse, le fait de prendre ses désirs pour des réalités consiste à croire quelque chose parce que l'on désire que ce soit vrai. Il n'y a là rien d'irrationnel en soi, car nous ne sommes pas en général responsables des causes de nos pensées. Mais prendre ses désirs pour des réalités est souvent irrationnel, par exemple si nous savons pourquoi nous avons telle croyance et si nous savons que nous ne l'aurions pas si nous ne désirions pas l'avoir.

On pense souvent que le fait de prendre ses désirs pour des réalités est un phénomène plus complexe que ce qu'implique cette analyse. Si quelqu'un désire qu'une certaine proposition soit vraie, il naturel de supposer que cela lui ferait plus plaisir de croire qu'elle est vraie que de ne pas croire qu'elle est vraie. Cette personne a donc une raison (en un sens) de ne pas croire la proposition. Si elle devait agir intentionnellement pour promouvoir la croyance en question, cela serait-il irrationnel ? Il est clair que nous devons distinguer ici entre avoir une raison de croire une certaine proposition, et avoir des données à la lumière desquelles il est raisonnable de penser qu'une proposition est vraie. (Les phrases de la forme « Charles a une raison de croire que *p* » sont ambiguës à cet égard). Une raison du premier type est évaluative : elle donne un motif pour agir de manière à promouvoir le fait d'avoir une croyance. Une raison du second type est cognitive : elle consiste à avoir certaines données qui confirment la vérité d'une proposition. Le fait de prendre ses désirs pour des réalités ne requiert une raison d'aucune de ces deux sortes, mais, comme on vient de le remarquer, le désir que *p* soit le cas (par exemple que quelqu'un vous aime) peut facilement engendrer un désir de croire que *p*, et ce désir peut déclencher des pensées et des actions qui mettent en valeur des raisons du second type ou qui conduisent à leur formation. Y a-t-il nécessairement quelque chose d'irrationnel dans cette succession de pensées ? Une action intentionnelle qui vise à rendre quelqu'un heureux ou à le réconforter n'est pas en elle-même irrationnelle. Pas plus qu'elle ne le devient si les moyens employés consistent à essayer d'arranger les choses de manière à avoir une certaine croyance. Il peut dans certains cas être immoral de produire ce résultat chez quelqu'un d'autre, en particulier si l'on a une raison de croire que la croyance que l'on veut instiller en lui est fausse, mais ce n'est pas nécessairement une mauvaise chose, ni quelque chose d'irrationnel. Je pense qu'il en est de même pour les croyances que l'on s'induit soi-même à avoir ; ce qu'il n'est pas nécessairement irrationnel de faire à quelqu'un d'autre n'est pas nécessairement quelque chose qu'il est irrationnel de faire à son moi futur.

Une croyance engendrée délibérément de cette manière est-elle nécessairement irrationnelle ? Il est clair qu'elle l'est si l'on continue à penser que les données qui infirment la croyances sont plus favorables que les données qui la confirment, car nous avons affaire alors à un cas de faiblesse de la garantie. Mais si l'on a oublié les données qui nous ont, au départ, fait rejeter la croyance que nous entretenons présentement, ou si les données nouvelles dont nous disposons nous semblent suffisantes pour rejeter les données dont nous disposions avant, alors ce nouvel état d'esprit n'est pas irrationnel. Quand le fait de prendre ses désirs pour des réalités fonctionne bien, pour ainsi dire, il n'y a pas de raison de dire qu'à un moment donné le sujet *doit* être irrationnel.[4]

Il vaut peut-être la peine de relever ici qu'être dupe de soi-même tout comme prendre ses désirs pour des réalités peuvent parfois être des états de peu de gravité. Il n'est ni surprenant ni au fond mauvais que les gens aient une meilleure opinion de leurs familles que celle qu'il serait raisonnable qu'ils aient, s'ils voyaient lucidement les choses. Les enfants dont les parents et les professeurs surévaluent l'intelligence sont probablement plus souvent encouragés à apprendre que dans le cas contraire. Il arrive souvent que les épouses préservent l'équilibre familial en ignorant ou en négligeant le rouge à lèvres sur les cols de chemise. Ce sont là des cas de duperie de soi charitable aidée par des désirs pris pour des réalités.

Tout cas où l'on prend ses désirs pour des réalités n'est pas un cas où l'on se dupe soi-même, parce que le second état, mais pas le premier, requiert l'intervention de l'agent. Pourtant ils sont semblables en ceci qu'un élément motivationnel ou évaluatif doit intervenir, et en ceci ils diffèrent de la faiblesse de la garantie, où le défaut caractéristique est cognitif quelle que soit sa cause. Ceci suggère que bien que prendre ses désirs pour des réalités puisse être un état plus simple que se duper soi-même, il en fait toujours partie intégrante. Sans doute en fait-il souvent partie mais il semble y avoir des exceptions. Quand on prend ses désirs pour des réalités, la croyance prend la direction que lui indique l'affect positif, jamais la direction de l'affect négatif : la croyance qui est causée est toujours bienvenue. Ce n'est pas ce qui se produit quand on se dupe soi-même. La pensée nourrie par celui qui se dupe lui-même peut être douloureuse. Une personne sous l'emprise de la jalousie peut trouver partout des « preuves » qui confirment ses pires suspicions ; quelqu'un qui cherche à s'isoler des autres peut penser qu'il voit un

---

4. Dans l'article qui ouvre ce volume — « Paradoxes de l'irrationalité » —, j'ai supposé que lorsqu'on prend ses désirs pour des réalités, le désir produit la croyance sans fournir la moindre donnée destinée à confirmer la croyance. Dans un tel cas, la croyance est de toute évidence irrationnelle.

espion derrière chaque rideau. Si un pessimiste est quelqu'un qui a une vision plus sombre des choses que celle qu'il est justifié à avoir, tout pessimiste se dupe lui-même jusqu'à un certain point en croyant ce dont il désire que cela n'existe pas dans la réalité.

Ces observations ne font que suggérer la nature de la distance qui peut séparer la duperie de soi du fait de prendre ses désirs pour des réalités. Non seulement il y a le fait que se duper soi-même requiert que l'agent fasse quelque chose avec le dessein de changer ses propres vues, tandis que ce n'est pas le cas quand on prend ses désirs pour des réalités, mais il y a aussi une différence dans la manière dont l'élément affectif est relié à la croyance qu'il produit. Dans le cas de celui qui prend ses désirs pour des réalités, ce qu'il vient à croire doit être précisément ce qu'il désire voir réalisé. Mais bien que celui qui se dupe lui-même puisse être motivé par un désir de croire ce qu'il désire voir réalisé, il y a bien d'autres cas possibles. De toute évidence, il est difficile de dire quelle doit être la relation entre le motif que quelqu'un a quand il se dupe lui-même et la manière spécifique dont il modifie ses croyances. Il est clair que la relation n'est pas accidentelle ; on ne se dupe pas soi-même simplement en faisant quelque chose d'intentionnel qui a pour conséquence qu'on est dupé, car si c'était le cas une personne se duperait elle-même si elle lisait et croyait une fausse nouvelle dans un journal. Celui qui se dupe lui-même doit avoir l'intention de « duper ».

Dans cette mesure, tout au moins, se duper soi-même ressemble à mentir ; il y a un comportement intentionnel qui vise à produire une croyance que l'agent, quand il institue ce comportement, ne partage pas. On peut ainsi suggérer que le menteur a l'intention de duper une autre personne, tandis que celui qui se dupe lui-même a l'intention de se duper lui-même. Cette suggestion n'est pas vraiment fausse. Je me dupe moi-même sur le degré de ma calvitie en choisissant de me regarder sous des angles et des éclairages qui favorisent mon apparence chevelue ; un menteur qui veut me flatter peut essayer d'obtenir le même effet en me disant que je ne suis pas si chauve que cela. Mais il y a des différences importantes entre les deux cas. Tandis que le menteur peut avoir l'intention que celui qui l'écoute croie ce qu'il dit, cette intention n'est pas essentielle au concept de mensonge ; un menteur qui croit que celui qui l'écoute est pervers peut dire l'opposé de ce qu'il a l'intention que croie celui qui l'écoute. Un menteur peut même ne pas avoir l'intention de faire croire à sa victime que lui, le menteur, croit ce qu'il dit. Les seules intentions que doit, à mon sens, avoir le menteur sont les suivantes : (1) il doit avoir l'intention de se représenter comme croyant quelque chose qu'il ne croit pas (par exemple, et dans le cas typique, en affirmant quelque chose qu'il ne croit pas), et (2) il doit avoir l'intention de cacher son intention (mais pas nécessairement ce qu'il croit effectivement) à celui qui l'écoute. Il s'ensuit que mentir implique une tromperie [*deceit*] d'un certain type, une tromperie relative à la sincérité de la représentation de ce que l'on croit. Il ne semble pas possible de pratiquer sur soi-même cette forme précise de tromperie, car elle exigerait que l'on *fasse* quelque chose avec l'intention que celui qui a l'intention ne reconnaisse pas cette intention elle-même.[5]

A un certain égard, il n'est pas aussi difficile d'expliquer qu'on puisse se duper soi-même que d'expliquer qu'on puisse se mentir à soi-même, parce que se mentir à soi-même impliquerait l'existence d'une intention qui se met elle-même en échec, tandis que se duper soi-même oppose intention et désir à croyance, et croyance à croyance. Il n'en reste pas moins que c'est suffisamment difficile à comprendre. Avant d'essayer de décrire de façon un peu plus détaillée et plausible l'état d'esprit de l'agent qui est dupe de lui-même, je vais résumer l'analyse de la duperie de soi-même que j'ai menée jusqu'ici.

Un agent *A* se dupe lui-même relativement à une proposition *p* sous les conditions suivantes : *A* dispose de données sur la base desquelles il croit que *p* a plus de chances d'être vrai que sa négation ; la pensée que *p*, ou la pensée qu'il serait rationnel de croire que *p*, constitue un motif qui fait agir *A* de manière à ce qu'il cause en lui la croyance que la négation de *p* est vraie. L'action en question peut n'être rien d'autre que celle de détourner son attention des données qui confirment la vérité de *p* ; ou bien celle de rechercher activement des données qui infirment *p*. Se duper soi-même requiert seulement une action dont le motif trouve sa source dans la croyance que *p* est vrai (ou dans la reconnaissance du

---

5. On peut avoir l'intention de cacher une intention présente à son moi futur. Ainsi je peux essayer d'éviter une rencontre déplaisante prévue pour l'année prochaine en écrivant délibérément une fausse date dans mon agenda, en comptant sur ma mauvaise mémoire pour avoir oublié mon geste quand l'échéance arrivera. Ce n'est pas un cas pur de duperie de soi-même, car la croyance qu'on a l'intention d'induire n'est pas *appuyée* par l'intention qui l'a produite, et il n'y a rien de nécessairement irrationnel là-dedans.

fait que les données rendent *p* plus probable), et que l'action soit accomplie avec l'intention de produire une croyance en la négation de *p*. Finalement, et c'est ce qui fait de l'action de se duper soi-même quelque chose de problématique, l'état qui motive la duperie de soi et l'état qu'elle produit *coexistent*; au sens le plus fort, la croyance que *p* non seulement cause une croyance en la négation de *p*, mais aussi l'étaye. Se duper soi-même est donc une forme de faiblesse de la garantie induite par le sujet lui-même, où le motif qu'il a d'induire cette croyance est une croyance contradictoire (ou ce qu'il tient comme confirmant la croyance contradictoire). Dans certains cas, mais pas dans tous, le motif prend sa source dans le fait que l'agent souhaite que la proposition, la croyance qu'il provoque en lui, soit vraie, ou dans la peur qu'elle ne le soit pas. C'est pourquoi se duper soi-même implique souvent que l'on prenne aussi ses désirs pour des réalités.

Ce qui est difficile à expliquer, c'est comment une croyance, ou la perception que l'on a des raisons suffisantes d'avoir une certaine croyance, peut venir à l'appui d'une croyance contraire. Bien sûr elle ne peut venir à l'appui de cette croyance au sens où elle en serait la confirmation rationnelle : « venir à l'appui » ne peut ici qu'avoir le sens de « cause ». Ce que nous devons faire est trouver un point dans la suite des états mentaux où intervient une cause qui n'est pas une raison : une irrationalité spécifique d'après les critères de rationalité de l'agent lui-même.[6]

Voici, dans les grandes lignes, comment à mon sens peut se produire un cas typique de duperie de soi-même : dans cet exemple, la faiblesse de la garantie est induite par le sujet lui-même qui prend ses désirs pour des réalités. Carlos a de bonnes raisons de croire qu'il ratera son examen de permis de conduire. Il a déjà raté l'examen deux fois et son moniteur lui a dit des choses décourageantes. D'un autre côté, il connaît personnellement l'examinateur, et il se fie à son propre charme. Il est conscient que toutes les données dont il dispose indiquent qu'il va échouer. Comme tout le monde il raisonne naturellement en accord avec le principe de la totalité des données. Mais la pensée qu'il va rater à nouveau l'examen lui est pénible (en fait l'idée de rater quoi que ce soit exaspère particulièrement Carlos). Il a donc un motif parfaitement naturel pour croire qu'il ne ratera pas l'exa-

---

6. J'examine plus en détail l'idée que l'irrationalité implique toujours l'existence d'une cause mentale ou d'un état mental dont elle n'est pas une raison dans « Paradoxes de l'irrationalité ».

men, c'est-à-dire qu'il a un motif pour faire en sorte qu'il soit une personne qui croit qu'elle réussira (probablement) l'examen. Il fait un raisonnement pratique au sens ordinaire. Toutes choses égales par ailleurs, il vaut mieux éviter ce qui est pénible ; croire qu'il ratera l'examen est pénible ; par conséquent (toutes choses égales par ailleurs) il vaut mieux qu'il évite de croire qu'il ratera l'examen. Puisque passer l'examen est l'une des conditions de son problème, cela veut dire qu'il ferait mieux de croire qu'il le réussira. Il fait quelque chose pour promouvoir cette croyance, peut-être en cherchant de nouvelles preuves à l'appui de la croyance qu'il réussira son examen. Cela peut consister simplement à rejeter les données négatives à l'arrière-plan et à accentuer celles qui sont positives. Mais quels que soient les trucs qu'il emploie (et de toute évidence il y en a beaucoup), les cas paradigmatiques de duperie de soi requièrent que Carlos demeure conscient que toutes ses données disponibles le conduisent à croire qu'il va échouer, car c'est sa conscience de ce fait qui motive les efforts qu'il accomplit pour se débarrasser de la peur qu'il a d'échouer.

Supposez que Carlos réussisse à induire en lui la croyance qu'il réussira son examen. Il est alors coupable de faiblesse de la garantie, car bien qu'il ait des preuves à l'appui de sa croyance, il sait, ou tout au moins pense, qu'il a de meilleures raisons de croire qu'il va échouer. C'est un état irrationnel ; mais à quel endroit l'irrationalité s'est-elle introduite ?

J'ai explicitement ou implicitement rejeté un certain nombre de réponses. L'une d'elles est la suggestion avancée par David Pears selon laquelle celui qui se dupe lui-même doit « oublier » ou, d'une façon ou une autre, se cacher à lui-même la manière dont il est venu à croire ce qu'il croit.[7] Je suis d'accord pour dire que celui qui se dupe lui-même *aimerait bien* faire cela, et que s'il le fait, il est clair qu'il a réussi à se duper lui-même. Mais ce degré et ce type de réussite font de la duperie de soi un processus et non pas un état, et dans cette hypothèse il cesse d'être clair que celui qui se dupe lui-même soit à un moment quelconque dans un état irrationnel. Je pense que l'on devient dupe de soi-même à travers un cer-

---

7. Voir David Pears, « Motivated irrationality », in *Philosophical essays on Freud, op. cit.*, et « Reply to Annette Baier », in Le Pore & McLaughlin eds., *Actions and events, perspectives on the philosophy of Donald Davidson, op. cit.* Les différences entre mes conceptions et celles de Pears sont minces comparées aux ressemblances. Ce n'est pas un hasard, parce que mon analyse doit beaucoup à ces deux articles.

tain processus, mais qu'être dupe de soi-même peut être, au terme de ce processus, un état continu et manifestement irrationnel. L'agent tel que nous le décrit Pears se retrouve finalement dans une disposition d'esprit agréablement cohérente. Par chance cela se produit souvent. Mais le plaisir atteint peut être instable, comme c'est probablement le cas chez Carlos, parce que la pensée agréable est menacée par la réalité, ou même simplement par la mémoire. Quand la réalité (ou la mémoire) continue à menacer la croyance que le sujet s'induit lui-même à avoir quand il se dupe lui-même, il faut une motivation continue pour maintenir en place la pensée réconfortante. Si ceci est correct, il s'ensuit que celui qui se dupe lui-même ne peut pas se permettre d'oublier le facteur qui a en premier lieu provoqué son comportement de duperie de soi : la prépondérance des données allant à l'encontre de la croyance induite.

Par implication j'ai aussi rejeté la solution de Kent Bach, qui pense que celui qui se dupe lui-même ne peut pas réellement croire que les données contraires pèsent d'un aussi grand poids. Comme Pears, Bach considère que se duper soi-même implique l'existence d'une suite de pensées dont le produit final entre trop fortement en conflit avec la motivation originale que le sujet avait de les faire coexister avec une conscience de ce produit final.[8] Peut-être ces différences entre ma conception et celles de Pears et de Bach sont-elles dues à des choix différents quant à la manière dont il faut décrire la duperie de soi plus qu'à des différences d'analyse substantielles. A mes yeux il semble important de repérer une incohérence ou une contradiction dans la pensée de celui qui se dupe lui-même. Pears et Bach cherchent plus à examiner les conditions sous lesquelles on peut réussir à se duper soi-même.[9] Ce qui est difficile est de trouver un équilibre entre ces diverses considérations : mettre l'accent sur le premier élément rend l'irrationalité claire mais la rend psychologiquement difficile à expliquer ; mettre l'accent sur le second élément rend plus facile l'explication du phénomène, mais nous empêche de voir où se trouve l'irrationalité.

---

8. Voir Kent Bach, « An analysis of self deception », *Philosophy and phenomenological Research* 41, 1981, pp. 351-70.

9. Je suis donc en accord avec John Elster quand il dit que se duper soi-même requiert « que l'on entretienne simultanément des croyances incompatibles », *Ulysses and the syrens*, Cambridge University Press, Cambridge 1979, p. 174, [tr. fr. partielle, *Le laboureur et ses enfants*, Minuit, Paris 1987].

A quel endroit de la séquence qui conduit à un état de duperie de soi y a-t-il une cause mentale qui n'est pas une raison de l'état mental qu'elle cause ? La réponse dépend en partie de la réponse que l'on donne à une autre question. Au départ j'ai supposé que bien qu'il soit possible de croire simultanément l'une et l'autre de deux propositions contradictoires, il n'est pas possible de croire la conjonction de ces deux propositions quand la contradiction est évidente. L'agent qui est dupe de lui-même croit des propositions contradictoires s'il croit qu'il est chauve et croit qu'il n'est pas chauve ; Carlos croit des propositions contradictoires s'il croit qu'il réussira son examen et croit qu'il ne réussira pas son examen. La difficulté est moins frappante si le conflit des croyances est un cas ordinaire de faiblesse de la garantie, mais elle demeure suffisamment frappante si l'on fait l'hypothèse (que j'ai défendue) qu'avoir des attitudes propositionnelles implique que l'on admette le principe de la totalité des données. Comment une personne peut-elle être incapable de réunir les deux croyances contradictoires ou incompatibles ?

Je commettrais une erreur si j'essayais de répondre à cette question d'une manière psychologiquement détaillée. Il suffit de remarquer que les gens peuvent quelquefois maintenir séparées des croyances proches par leurs contenus mais opposées l'une à l'autre, et qu'ils y parviennent quelquefois. Dans cette mesure nous devons accepter l'idée qu'il peut y avoir des frontières entre les diverses parties de l'esprit ; je postule qu'une de ces frontières peut passer quelque part entre deux croyances manifestement conflictuelles. On ne découvre pas ces frontières par introspection ; ce sont des outils conceptuels que nous posons pour décrire de manière cohérente les cas d'irrationalité véritable.[10]

Il ne faut pas penser que les frontières définissent des territoires permanents et séparés. Les croyances contradictoires qu'on peut avoir au sujet d'un examen que l'on va passer doivent chacune appartenir à un vaste ensemble cohérent de croyances portant sur les examens et sur d'autres sujets si elles doivent être seulement contradictoires. Bien qu'elles doivent appartenir à des territoires qui empiètent fortement les uns sur les autres, les croyances contradictoires n'appartiennent pas au même territoire ; effacer la ligne de partage entre ces territoires détruirait l'une des croyances. Je ne vois

---

10. J'examine la nécessité de « subdiviser » l'esprit dans « Paradoxes de l'irrationalité ».

pas de bonne raison de supposer que l'un des territoires doive être fermé à la conscience, quel que soit exactement le sens qu'on donne à ce terme, mais il est clair que l'agent ne peut pas avoir une vision générale de l'ensemble de ses croyances sans effacer les frontières entre les territoires.

Il est à présent possible de suggérer une réponse à la question de savoir où, dans la suite des transitions qui conduisent à l'état où le sujet est dupe de lui-même, il y a une *transition* irrationnelle. L'irrationalité de l'état auquel on parvient tient au fait qu'il contient des croyances contradictoires ; la transition irrationnelle est donc la transition qui rend ceci possible, à savoir l'établissement de la frontière qui maintient les croyances contradictoires à distance l'une de l'autre. Dans le cas où se duper soi-même consiste à induire en soi une faiblesse de la garantie ce qui doit être mis à l'écart du reste de l'esprit est le réquisit de la totalité des données. Ce qui fait que ce principe est temporairement exilé ou isolé est, de toute évidence, le désir d'éviter d'accepter ce que ce réquisit nous enjoint de croire. Mais cela ne peut pas être une *raison* pour négliger ce réquisit. Il n'y a rien qui puisse être une bonne raison pour ne pas raisonner selon les meilleurs critères de rationalité.

Dans le cas extrême, quand le motif de la duperie de soi prend sa source dans une croyance qui contredit directement la croyance induite, la croyance originale et motivante doit être placée en dehors des limites en même temps que le réquisit de la totalité des données. Mais le fait d'être hors des limites ne rend pas la pensée ainsi exilée sans force ; bien au contraire, puisque la juridiction de la raison ne s'exerce pas au-delà de la frontière.

Animaux rationnels

Certains animaux pensent et raisonnent ; ils considèrent, rejettent et acceptent des hypothèses ; ils agissent en vertu de raisons, quelquefois après avoir délibéré, imaginé des conséquences et évalué les probabilités ; ils ont des désirs, des espoirs et des haines, quelquefois pour de bonnes raisons. Ils font aussi des erreurs de calcul, agissent contre leur meilleur jugement, ou acceptent des doctrines sans avoir les données nécessaires pour les étayer. Chacune de ces capacités, activités, actions ou erreurs suffit à montrer qu'un animal capable de les accomplir est un animal rationnel, car être un animal rationnel c'est précisément avoir des attitudes propositionnelles, aussi confuses, contradictoires, absurdes, injustifiées ou erronées puissent-elles être. C'est la réponse que je propose.

La question est : quels animaux sont rationnels ? Je ne propose évidemment pas de donner des noms, pas même des noms d'espèces ou d'autres groupes. Je n'essaierai pas de décider si les dauphins, les singes, les embryons humains ou les politiciens sont rationnels, ou même si tout ce qui empêche les ordinateurs d'être rationnels est leur origine. Ma question est celle de savoir ce qui fait qu'un animal (ou quoi que ce soit d'autre, si l'on veut) est rationnel.

Les attitudes propositionnelles constituent un critère intéressant de rationalité parce qu'elles ne se présentent que sous forme d'un ensemble cohérent. Cela peut avoir l'air trivial de dire qu'une trame abondante de croyances, de désirs et d'intentions suffisent pour qu'il y ait rationalité ; et il peut sembler beaucoup trop restrictif d'en faire une condition nécessaire. Mais en fait ce caractère restrictif tient à la nature des attitudes propositionnelles, car en avoir une c'est avoir la panoplie complète. Une croyance suppose beaucoup d'autres croyances, et les croyances supposent d'autres attitudes, telles que des intentions, des désirs et, si j'ai raison, le don de parler. Cela ne veut pas dire qu'il n'y ait pas de cas limite. Cependant le caractère intrinsèquement holistique des attitudes propositionnelles accentue dramatiquement la distinction entre en avoir une et n'en avoir aucune.

En rendant la distinction si forte, et la faisant dépendre du langage, on risque de se faire accuser d'anthropocentrisme. C'est un reproche justifié, mais il ne doit pas m'être adressé. Je décris seulement les caractéristiques de certains concepts. Et après tout il n'est pas surprenant que notre langage humain ait des ressources riches pour distinguer les hommes et les femmes d'autres créatures, tout comme on dit que les Esquimaux ont un vocabulaire qui leur permet de distinguer diverses variétés de neige. Nous concourons, avec notre langage pour en faire, et nous avec, quelque chose de spécial.

J'ai promis de ne pas aborder la question de savoir si certaines espèces particulières sont rationnelles, mais il me sera impossible d'éviter d'avoir l'air de parler des prouesses et des capacités des bêtes parce que la plupart des discussions sur le problème de la nature de la pensée portent principalement sur les capacités mentales des animaux non humains. A mon sens c'est seulement une manière pittoresque (et quelquefois émotionnelle) d'aborder le problème de la nature de la pensée.[1]

Norman Malcolm raconte l'histoire suivante, destinée à montrer que les chiens pensent :

> Supposez que notre chien poursuive le chat du voisin. Ce dernier se précipite vers le chêne, mais fait un écart soudain au dernier moment et disparaît en haut d'un érable proche. Le chien ne voit pas la manœuvre et en arrivant sous le chêne il se dresse sur ses pattes de derrière, et gratte le tronc de ses griffes comme s'il voulait l'escalader, en aboyant avec excitation vers les

---

1. J'ai souvent donné des conférences sur des sujets voisins de celui de cet article sous le titre « Pourquoi les animaux ne peuvent pas penser ». Le titre était tendancieux, parce que mon argumentation revenait seulement à dire que seules des créatures douées de langage peuvent penser. Je crois cependant que seuls les hommes et les femmes ont le langage, ou suffisamment de langage pour que cela justifie qu'on leur attribue des pensées. Sur la question morale de savoir comment nous devons traiter les créatures sans langage, je ne vois aucune raison d'être moins aimable avec celles qui n'ont pas de pensée ni de langage qu'avec celles qui en ont ; au contraire.

branches au-dessus de lui. Nous, qui observons l'épisode de notre fenêtre, disons : « Il pense que le chat est monté dans l'arbre ».[2]

(Malcolm ajoute que nous dirions que le chien aboie au mauvais arbre). Malcolm soutient que dans ces circonstances quelqu'un qui attribuerait cette croyance au chien pourrait bien — presque sûrement — avoir raison ; il aurait exactement le type de données nécessaires à la justification d'une telle attribution.

Je voudrais donner un argument préliminaire pour jeter le doute sur l'argumentation de Malcolm. Il clair que les raisons que nous avons d'attribuer une « croyance » au chien dépendent du fait que nous prenons la croyance comme un déterminant de l'action et de notre réponse émotionnelle. On nous demande d'inférer de ce que nous voyons que le chien veut attraper le chat, et qu'il court là où il court parce qu'il a un désir et une croyance au sujet du lieu où le chat est parti, et qu'il donne libre cours à la frustration de ne pas pouvoir suivre le chat en haut de l'arbre en aboyant, en grattant le sol, et ainsi de suite. Les détails n'ont pas besoin d'être exacts, cela va de soi. Le point principal est jusque-là évident : si nous sommes justifiés à inférer des croyances, nous sommes aussi justifiés à inférer des intentions et des désirs (peut-être plus encore).

Mais qu'en est-il de la croyance supposée du chien que le chat est monté en haut de ce chêne ? Ce chêne, comme il se trouve, est le plus vieil arbre en vue. Le chien pense-t-il que le chat est monté dans le plus vieil arbre en vue ? Ou que le chat est monté dans le même arbre que celui dans lequel il est monté la dernière fois que le chien l'a poursuivi ? Il est difficile de donner un sens à ces questions. Mais alors il ne semble pas possible de distinguer des choses très différentes que l'on pourrait dire que croit le chien.

Quand peut-on dire que nous sommes en train d'attribuer une attitude propositionnelle ? L'un des critères est que les phrases que nous utilisons pour faire ces attributions peuvent changer de valeur de vérité si dans les mots qui désignent l'objet de l'attitude, nous substituons à une expression référentielle une autre expression désignant la même chose. La croyance que le chat est monté en haut de ce chêne n'est pas la même croyance que la croyance que le chat est monté

---

2. Norman Malcolm, « Thoughtless brutes », *Proceedings and Adresses of the American Philosophical Association* 46, 1972-73, p. 13.

en haut du plus vieil arbre en vue. Si nous utilisons des mots tels que « croit », « pense », « a l'intention de » en éliminant cette caractéristique d'opacité référentielle, nous cessons d'utiliser ces mots pour attribuer des attitudes propositionnelles. Car il y a bien longtemps que l'on sait que l'opacité sémantique est le critère distinctif des attitudes propositionnelles.

On pourrait suggérer que la position occupée par l'expression « ce chêne » dans la phrase « Le chien pense que le chat est monté sur ce chêne » est, dans la terminologie de Quine, transparent. La bonne façon de rapporter la croyance du chien, suggère-t-on, est de dire : « Le chien pense, relativement à ce chêne, que le chat est monté dessus » ou : « Ce chêne est celui à propos duquel le chien pense que le chat est monté ». Mais de telles constructions grammaticales, même si elles peuvent dispenser celui qui rapporte la croyance de la nécessité de fournir une description de l'objet que le sujet qui a la croyance pourrait accepter, impliquent néanmoins qu'il y a une description appropriée de ce genre ; la description *de re* désigne un objet que le sujet qui a la croyance pourrait d'une manière ou d'une autre désigner. Selon une formulation répandue mais trompeuse, le chien doit croire, sous une description quelconque de l'arbre, que le chat est monté en haut de l'arbre. Mais quelle serait la description qui conviendrait au chien ? Par exemple le chien peut-il croire au sujet d'un objet que c'est un arbre ? Cela semble être impossible à moins de supposer que le chien a de nombreuses croyances générales au sujet des arbres ; que ce sont des choses qui poussent, qu'ils ont besoin de terre et d'eau, qu'ils ont des feuilles ou des aiguilles, qu'ils brûlent. Il n'y a pas de liste bien arrêtée de choses que quelqu'un qui possède le concept d'arbre doit croire, mais dans de nombreuses croyances générales nous n'avons aucune raison d'identifier une croyance comme croyance au sujet d'un arbre, et encore moins au sujet d'un chêne. Des considérations semblables s'appliquent au chien qui est supposé penser quelque chose au sujet du chat.

Nous identifions des pensées, les distinguons les unes des autres, les décrivons comme telles ou telles, seulement si elles peuvent être localisées au sein d'un vaste réseau de croyances associées. Nous pouvons réellement attribuer de manière sensée des croyances particulières à un chien, nous devons être capables d'imaginer comment nous pourrions décider si le chien a de nombreuses autres croyances du type de celles qui sont nécessaires pour rendre les premières intelligibles. Il me semble que quel que soit notre point de départ, nous arrivons très vite à des croyances pour lesquelles nous ne savons absolument pas si un chien peut les avoir, et pourtant telles que, si elles ne sont pas là, l'attribution initiale que nous nous croyions autorisés à faire apparaît très fragile.

Non seulement chaque croyance a besoin de tout un monde d'autres croyances pour avoir un contenu et une identité, mais aussi toute autre attitude propositionnelle singulière dépend d'un monde semblable de croyances. Pour croire que le chat est monté sur le chêne je dois avoir de nombreuses croyances vraies au sujet des chats et des arbres, de ce chat et de cet arbre, sur l'endroit où se trouvent les chats et les arbres, sur leurs apparences et leurs habitudes, et ainsi de suite ; mais la même chose est vraie si je me demande si le chat est monté sur le chêne, si j'ai peur qu'il ne l'ait fait, espère qu'il l'a fait, souhaite qu'il l'ait fait, ou ai l'intention qu'il le fasse. La croyance — c'est-à-dire la croyance vraie — joue un rôle central parmi les attitudes propositionnelles. Je désignerai donc les attitudes propositionnelles sous le nom de « pensées ».

Comme on l'a remarqué ci-dessus, il peut n'y avoir aucun liste bien arrêtée de croyances dont une pensée particulière peut dépendre. Néanmoins, une bonne quantité de croyances vraies est nécessaire. Parmi les croyances requises, certaines sont générales, mais vraisemblablement empiriques, comme la croyance que les chats peuvent griffer ou grimper aux arbres. D'autres sont particulières, comme la croyance que le chat qu'on vient de voir courir à l'instant est toujours dans les environs. Certaines sont logiques. Les pensées, comme les propositions, entretiennent entre elles des relations logiques. Puisque l'identité d'une pensée n'est pas séparable de sa place au sein du réseau logique d'autres pensées, elle ne peut pas être replacée au sein du réseau sans devenir une pensée différente. Une incohérence radicale dans les croyances est donc impossible. Avoir une attitude propositionnelle particulière c'est avoir une logique correcte dans ses grandes lignes, c'est-à-dire avoir une trame de croyances qui entretiennent entre elles des liens de cohérence logique. C'est pourquoi notamment avoir des attitudes propositionnelles c'est être une créature rationnelle. C'est vrai aussi de l'action intentionnelle. Une action intentionnelle est une action qui peut être expliquée en termes de croyances et de désirs dont les contenus propositionnels rationalisent l'action.

De même, une émotion, comme être heureux d'avoir réussi à cesser de fumer doit être une émotion qui est rationnelle à la lumière des croyances et des valeurs que l'on a.

Ceci, cela va de soi, n'implique pas qu'il n'y ait pas de croyances, d'actions et d'émotions irrationnelles. Une action que l'on des raisons d'accomplir peut être une action que l'on a de meilleures raisons d'éviter. Une croyance peut être raisonnable à la lumière de certaines, mais pas de la totalité des autres croyances que l'on a, et ainsi de suite. Je veux dire que la possibilité de l'irrationalité dépend de l'existence d'un large degré de rationalité. L'irrationalité n'est pas simplement l'absence de raison, mais une maladie ou une perturbation de la raison.

Dans cet article je pars du principe qu'un observateur peut, dans des conditions favorables, dire quelles croyances, désirs et intentions a un agent. En fait je me suis appuyé sur cette hypothèse quand j'ai soutenu que si une personne ne peut pas parler on ne voit pas quelle intensionnalité on peut maintenir dans les descriptions de ses croyances supposées et de ses autres attitudes. De même je me demande si, en l'absence de langage, il est justifié d'attribuer les croyances générales requises pour donner un sens à une pensée quelconque. Sans défendre l'hypothèse que nous pouvons connaître les autres esprits, je veux distinguer cette hypothèse d'autres hypothèses plus fortes. Soutenir simplement qu'un observateur peut, sous des conditions favorables, dire ce que quelqu'un d'autre pense ne revient pas à adopter le vérificationnisme, même relativement aux pensées. Car cette condition d'observabilité n'implique pas qu'il est possible d'énoncer explicitement le type de faits qui seraient nécessaires et suffisants pour déterminer la présence d'une pensée particulière ; je ne suggère pas que penser peut d'une façon ou d'une autre être réduit à quelque chose d'autre. Pas plus que la condition d'observabilité n'implique que l'on ne peut déterminer l'existence d'une pensée que par l'observation. Au contraire, il est clair que les gens savent habituellement sans observation ni raisons empiriques ce qu'ils croient, veulent ou ont l'intention de faire.

La condition d'observabilité ne revient pas non plus à souscrire au béhaviorisme. Les attitudes propositionnelles peuvent être découvertes par un observateur qui ne voit rien d'autre que du comportement sans que les attitudes soient d'une façon quelconque réduites à du comportement. Il y a des liens conceptuels entre les attitudes et le comportement qui sont suffisants, si l'on a assez d'information au sujet du comportement réel et potentiel, pour nous permettre d'inférer correctement l'existence des attitudes. Compte tenu de ce qui a été dit de la dépendance des croyances par rapport aux autres croyances et aux autres attitudes propositionnelles, il est clair qu'on doit observer une structure complexe de comportement pour avoir le droit d'attribuer une pensée unique. Ou, plus précisément, il n'y a pas de bonne raison de croire qu'il y a une trame complexe de comportement. Et tant qu'il n'y a pas effectivement une telle trame complexe, il n'y a pas de pensée.

Je pense que cette trame n'existe que si l'agent a le langage. Si ceci est correct, alors Malcolm n'avait le droit d'attribuer de la pensée à son chien que s'il croyait, sur la bases de données fiables, que son chien avait le langage.

L'idée que la pensée — croyance, désir, intention et attitudes semblables — requiert le langage est contestable, mais elle n'est sans doute pas nouvelle. La version particulière de cette thèse que je veux avancer doit être distinguée de diverses autres versions voisines. Par exemple je ne crois pas qu'on puisse réduire la pensée à l'activité linguistique. Je ne tiens pas pour plausible l'idée que les pensées puissent être réduites à, ou mises en corrélation avec, des phénomènes caractérisés en termes physiques ou neurologiques. Je ne vois pas non plus de raison de maintenir que ce que nous ne pouvons pas dire nous ne pouvons pas le penser. Ma thèse n'est pas, par conséquent, que l'existence de chaque pensée dépend d'une phrase qui exprime cette pensée. Ma thèse est plutôt qu'une créature ne peut pas avoir de pensée tant qu'elle n'a pas de langage. Pour être une créature pensante, rationnelle, la créature doit être capable d'exprimer de nombreuses pensées, et par-dessus tout d'interpréter le langage et la pensée d'autres êtres.

Comme je l'ai remarqué ci-dessus, cette thèse a été souvent défendue ; mais sur quelles bases ? Compte tenu de la popularité de la thèse, des rationalistes jusqu'aux pragmatistes américains, et même chez les philosophes analytiques contemporains, la pauvreté des arguments avancés est remarquable. Jusqu'ici j'ai fait observer qu'il était douteux qu'on puisse appliquer le test de l'intensionnalité aux animaux muets, et j'ai avancé le réquisit selon lequel pour que la pensée soit présente il doit y avoir un stock abondant de croyances générales et vraies. Ces considérations vont dans le sens de la thèse de la nécessité du langage pour la pensée, mais elles ne la démontrent pas. En fait, tout ce que ces considérations suggèrent est seulement qu'il ne peut probablement pas y avoir beaucoup de pensée s'il n'y a pas de langage.

Contre l'idée de la dépendance de la pensée par rapport au langage on évoque l'observation banale que nous réussissons à expliquer et quelquefois à prédire le comportement d'animaux sans langage en leur attribuant des croyances, des désirs et des intentions. Cette méthode vaut aussi bien pour les chiens et les grenouilles que pour les gens. Et, peut-on ajouter, nous n'avons pas d'autre schème général et pratique possible pour expliquer le comportement animal. Ces faits ne reviennent-ils pas à une *justification* de l'application de la méthode ?[3]

Sans aucun doute. Mais cela n'empêche pas qu'il soit incorrect de conclure que des animaux muets (c'est-à-dire incapables d'interpréter ou de s'engager dans une communication linguistique) ont des attitudes propositionnelles. Pour le voir il suffit de réfléchir au fait que quelqu'un pourrait ne pas avoir d'autre (ou de meilleure) explication des mouvements d'un missile à tête chercheuse que de supposer que le missile voulait détruire un avion et croyait qu'il pourrait le faire en se déplaçant de la manière dont on l'observait en train de se mouvoir. Cet observateur non informé pourrait avoir de bonnes raisons d'attribuer une croyance au missile ; mais il aurait tort. Je sais mieux ce dont il s'agit, par exemple, non pas parce que je sais comment le missile est construit, mais parce que je sais qu'il se meut de la manière dont il se meut parce qu'il a été conçu et construit par des gens qui avaient précisément les désirs et les croyances que mon ami ignorant attribuait au missile. Mon explication, bien que toujours téléologique et reposant sur l'existence d'attitudes propositionnelles, est une explication meilleure parce qu'elle n'attribue pas au missile le potentiel de comportement complexe qu'une créature pensante doit avoir.

Le cas d'une créature sans langage diffère de celui du missile sur deux points : de nombreux animaux sont beaucoup plus semblables aux humains par la gamme de leur comportement possible que ne peuvent l'être les missiles ; et nous ne pouvons savoir s'il y a une meilleure façon d'expliquer leur comportement qu'en faisant appel aux attitudes propositionnelles. Par conséquent ce qu'il nous faut dire, pour établir notre thèse, c'est ce que le langage peut apporter

---

3. C'est la position avancée par Jonathan Bennett, *Linguistic behaviour*, Cambridge University Press, Cambridge 1976.

qui soit nécessaire à la pensée. Car s'il y a une telle condition nécessaire, nous pouvons continuer à expliquer le comportement des créatures sans langage en leur attribuant des attitudes propositionnelles tout en reconnaissant en même temps que ces créatures n'ont en fait pas d'attitudes propositionnelles. Nous serons obligés de reconnaître que nous appliquons une structure d'explication qui est beaucoup plus forte que celle que requiert le comportement observé, et que le comportement observé n'est pas assez subtil pour justifier cette structure.

Dans ce qui suit j'énonce la condition nécessaire pour la pensée qu'il me semble que seul le langage peut fournir, et je rassemble les considérations qui viennent à l'appui de ma thèse. Bien que je donne à ces considérations la forme d'une argumentation, il apparaîtra clairement que l'on peut contester plusieurs étapes de mon raisonnement.

Il y a deux étapes dans mon « argument ». Je pense avoir montré que toutes les attitudes propositionnelles requièrent un arrière-plan de croyances ; je me concentrerai donc sur les conditions nécessaires à la croyance. Sans la croyance il n'y a pas d'autres attitudes propositionnelles, et par conséquent pas de rationalité au sens où je l'ai caractérisée.

En premier lieu, je soutiens que pour avoir une croyance, il est nécessaire d'avoir le concept de croyance.

En second lieu, je soutiens que pour avoir le concept de croyance, on doit avoir le langage.

Norman Malcolm, dans l'article susmentionné, fait une distinction semblable à celle que je veux faire entre avoir une croyance et avoir le concept de croyance, mais sa terminologie diffère de la mienne. J'ai utilisé le mot « pensée » pour désigner les attitudes propositionnelles en général. Malcolm, cependant, restreint l'application du terme « pensée » à un niveau supérieur de pensée. Selon lui, le chien peut croire que le chat est monté à l'arbre, mais il ne peut pas avoir la pensée que le chat est monté à l'arbre. Celle-ci, mais non pas celle-là, selon Malcolm, requiert le langage. Malcolm fait la distinction en disant que l'on pense simplement (croit) que p si l'on est conscient que p, mais que l'on a la pensée que p si l'on conscient qu'on est conscient que p. Cette distinction est proche de celle que je veux avancer entre croire que p et croire que l'on croit que p. Cette croyance est une croyance à propos d'une croyance, et par conséquent elle requiert le concept de croyance. Pour faire une comparaison rapide, je dirai que Malcolm soutient que le langage fait le partage entre les créatures qui n'ont que la pensée et les créatures qui ont le concept de pensée ; je soutiens que pour penser on doit avoir le concept de pensée, et donc que le langage est requis dans les deux cas.

Donald Weiss a discuté l'analyse de Malcolm : Weiss pense que cela a un sens d'attribuer de la conscience à des créatures sans langage.[4] Comme je pense que l'exemple suivant est propre à susciter des réactions, je vais le paraphraser et le citer.

Arthur n'est pas un chien, mais disons, un superchien venu d'une autre planète. Arthur arrive sur terre seul, et c'est là qu'il s'épanouit. Il n'a pas de commerce avec d'autres créatures, ni ne sait qu'elles existent — on l'observe à travers des miroirs sans tain. Il n'a pas de langage. Selon Weiss, nous nous convainquons qu'il a une intelligence réflexive quand nous observons la scène suivante :

> Un jour Arthur découvre un métal brillant, le plonge dans le feu, essaie de taper dessus avec un marteau — mais découvre qu'il n'est apparemment pas plus malléable que quand il est froid. Il essaie à nouveau lentement et plus méthodiquement — mais à nouveau avec le même résultat. La régularité qu'Arthur croit distinguer — c'est ce que nous chuchotons entre nous — n'est pas entièrement universelle. Arthur a découvert un exemple qui ne se conforme pas à la règle générale.
> Arthur se met alors à marcher avec agitation dans sa tanière. Il s'assied brusquement, et se relève aussi brusquement ; il marche de long en large. Il s'assied de nouveau, mais cette fois demeure assis. Quinze minutes passent sans changement de posture ; les yeux d'Arthur sont dirigés vers le plafond. Soudain il se lève et se met immédiatement à amasser une grande quantité de bois sous son feu... Il plonge alors le morceau de métal qu'il a découvert dans le feu, et, après un moment, l'enlève. Il tente à nouveau de le marteler — et cette fois il réussit. Ainsi apparemment satisfait, il se met à se préparer un repas.[5]

Weiss dit que nous avons à présent de bonnes raisons de dire qu'Arthur a réfléchi sur ses propres croyances ; il est particulièrement impressionné par le fait qu'Arthur, en réponse à son état de perplexité, s'assicd le regard fixe et en position d'immobilité, pour ensuite sauter debout pour faire les gestes qui constituent une solution à son problème.[6]

---

4. Donald Weiss, « Professor Malcolm on animal intelligence », *Philosophical Review* 84, 1975.

5. *Ibid.*, pp. 91-92.

6. *Ibid.*, pp. 91-92.

Je laisserai de côté les pétitions de principe que fait Weiss en utilisant ce vocabulaire pour décrire les mouvement d'Arthur, car je pense que Weiss aboie au bon arbre ; il est essentiel que nous puissions décrire Arthur comme étant surpris. Ce qui à mon sens est clair est que s'il est surpris, il a des pensées réflexives, et bien sûr des croyances.

Ceci ne revient pas à dire que toute pensée est conscience de soi, ou que quand nous pensons que p nous devons être conscients que p. Ma thèse est plutôt la suivante : pour avoir une attitude propositionnelle quelconque, il est nécessaire d'avoir le concept de croyance, d'avoir la croyance qu'on a une croyance. Mais que faut-il pour avoir le concept de croyance ? C'est là que le phénomène de la surprise peut nous aider, car je pense que la surprise suppose la possession du concept de croyance.

Supposez que je croie qu'il y a une pièce dans ma poche. Je vide ma poche et ne trouve aucune pièce. Je suis surpris. Il est clair que je ne pourrais pas être surpris (bien que je puisse être ébahi) si je n'avais pas d'abord des croyances. Et peut-être est-il tout aussi clair qu'avoir une croyance, tout au moins une croyance du type de celle que j'ai prise pour mon exemple, implique la possibilité de la surprise. Si je crois que j'ai une pièce dans ma poche, quelque chose peut arriver qui me ferait changer d'avis. Mais la surprise implique encore autre chose. Il ne suffit pas que je croie d'abord qu'il y a une pièce dans ma poche, et qu'après avoir vidé ma poche je n'aie plus cette croyance. La surprise requiert que je sois conscient du contraste qui existe entre ce que je croyais avant et ce que je viens à croire maintenant. Mais une telle conscience est une croyance au sujet d'une croyance : si je suis surpris alors, entre autres choses je viens à croire que ma croyance initiale était fausse. Je n'ai pas besoin de souligner que tout cas de surprise implique une croyance qu'une croyance antérieure était fausse (bien que je sois enclin à penser que c'est le cas). Ce que je veux soutenir est que l'on ne peut pas avoir un stock général de croyances du type de celles qui sont nécessaires pour avoir des croyances sans être sujet à des surprises qui impliquent des croyances quant à la correction de ses propres croyances. Pouvoir être surpris par certaines choses est une condition nécessaire et suffisante de la pensée en général. Cela met un terme à mon premier « argument ».

Le concept de croyance est principalement le concept d'un état de l'organisme qui peut être vrai ou faux, correct ou incorrect. Avoir le concept de croyance c'est par conséquent avoir le concept de vérité objective. Si je crois qu'il y a une pièce dans ma poche, je peux avoir tort ou avoir raison ; je n'ai raison que s'il y a une pièce dans ma poche. Si je suis surpris de trouver qu'il y a une pièce dans ma poche, je viens à croire que ma croyance antérieure ne correspondait pas à l'état de mes finances. J'ai l'idée d'une réalité objective indépendante de mes croyances.

Une créature peut réagir au monde qui l'entoure de nombreuses manières sans entretenir en pensée les moindres propositions. Elle peut distinguer des couleurs, des goûts, des sons et des formes. Elle peut « apprendre », c'est-à-dire changer son comportement, de façon à préserver sa vie ou augmenter son ingestion de nourriture. Elle peut « généraliser », au sens où elle réagit à de nouveaux stimuli de la manière dont elle avait réagi auparavant à des stimuli semblables. Et pourtant rien de tout cela, aussi accompli cela puisse-t-il être à mes yeux, ne montre que cette créature maîtrise la distinction entre le subjectif et l'objectif, qui est requise par la croyance.

Qu'est-ce qui *serait* une preuve de la maîtrise de cette distinction subjectif-objectif ? Il est clair que la communication linguistique suffit. Pour comprendre le langage d'une autre personne je dois être capable de penser les mêmes choses qu'elle ; je dois partager son monde. Je n'ai pas à m'accorder avec elle sur tous les points, mais pour être en désaccord nous devons penser la même proposition, portant sur la même chose, et avec les mêmes critères de vérité. La communication dépend donc du fait que chaque communicant a, et pense correctement que l'autre a, le concept d'un monde partagé, un monde intersubjectif. Mais le concept d'un monde intersubjectif est le concept d'un monde objectif, un monde au sujet duquel chaque communiquant peut avoir des croyances.

Je soutiens, par conséquent, que le concept de vérité intersubjective est une base suffisante pour la possession de croyances, et par suite de pensées en général. Et peut-être apparaît-il suffisamment que le fait d'avoir le concept d'une vérité intersubjective dépend de la communication au sens linguistique plein. Pour compléter l'« argument », je dois aussi montrer que la *seule* manière dont on peut parvenir à avoir la distinction subjectif-objectif passe par la possession du concept d'une vérité intersubjective. J'avoue ne pas savoir montrer comment cela est possible. Mais je n'ai pas non plus la moindre idée de la façon dont on peut parvenir au concept de vérité objective. Plutôt que de donner un argument en bonne et due forme pour le premier point, je propose cette analogie.

Si j'étais cloué à la terre je n'aurais pas la possibilité de déterminer la distance qu'il y a entre moi et de nombreux autres objets. Je saurais seulement qu'il y a une séparation quelque part entre eux et moi. Je pourrais réussir à entrer en contact avec les objets, mais je n'aurais pas la possibilité de donner un contenu à la question de savoir où ils se trouvent. Comme je ne suis pas cloué au sol, je me sens libre de trianguler. Notre sens de l'objectivité est une conséquence d'une autre sorte de triangulation, et celle-ci requiert deux êtres. chacun interagit avec un objet, mais ce qui donne à chacun d'eux le concept de l'objectivité des choses est le socle formé entre les créatures qui ont un langage. Seul le fait qu'elles aient en commun le concept de vérité permet de donner un sens à la thèse selon laquelle elles ont des croyances, qu'elles sont capables de donner aux objets une place dans un monde public.

La conclusion de ces considérations est que la rationalité est un trait social ; seuls les communicateurs la possèdent.

TABLE DES MATIERES

Avant propos, *par Pascal Engel* 9

PARADOXES DE L'IRRATIONALITÉ

Paradoxes de l'irrationalité 21

Duperie et division 45

Animaux rationnels 63

DANS LA MEME COLLECTION

KARL OTTO APEL : *Penser avec Habermas contre Habermas*
traduit de l'allemand par *Marianne Charrière*
ISBN 2-905372-40-0. 1990. 64 p. 60 ff.

JACQUES BOUVERESSE : *Philosophie, mythologie et pseudo-science*
(Wittgenstein lecteur de Freud)
ISBN 2-905372-46-X. 1991. 160 p. 80 ff.

STANLEY CAVELL : *Une nouvelle Amérique encore inapprochable* (De Wittgenstein à Emerson)
traduit de l'anglais (USA) par *Sandra Laugier-Rabaté*
ISBN 2 905372-56-7. 1991. 128 p. 80 ff

FABIEN CAYLA : *Routes et déroutes de l'intentionnalité* (La correspondance R. Chisholm — W. Sellars)
ISBN 2-905372-51-6. 1991. 96 p. 70 ff

CHRISTIANE CHAUVIRÉ : *Hofmannsthal et la métamorphose* (Variations sur l'opéra)
ISBN 2-905372-45-1. 1991. 80 p. 65 ff.8

ALDO G. GARGANI : *La phrase infinie de Thomas Bernhard*
traduit de l'italien par *Jean-Pierre Cometti*
ISBN 2-905372-39-7. 1990. 48 p. 50 ff.

NELSON GOODMAN & CATHERINE ELGIN : *Esthétique et connaissance* (Pour changer de sujet)
traduit de l'anglais (USA) et présenté par *Roger Pouivet*
ISBN 2-905372-43-5. 1990. 96 p. 65 ff.

RICHARD RORTY : *Science et solidarité* (La vérité sans le pouvoir)
traduit de l'anglais (USA) par *Jean-Pierre Cometti*
ISBN 2-905372-42-7. 1990. 112 p. 75 ff.

JOHN R. SEARLE : *Pour réitérer les différences* (réponse à J. Derrida)
   traduit de l'anglais (USA) par *Joëlle Proust*
   ISBN 2-905372-52-4. 1991. 32 p. 30 ff.

PAOLO VIRNO : *Opportunisme, cynisme et peur* (Ambivalence du désenchantement) suivi de *Les labyrinthes de la langue*
   traduit de l'italien par *Michel Valensi*
   ISBN 2-905372-50-8. 1991. 72 p. 60 ff.

*Catalogue complet sur demande
à*
Éditions de l'Éclat
Rue du Temple
F. 30250 - COMBAS
fax : 66 77 80 76

● IMPRIMERIE TARDY QUERCY (S.A.) 46001 CAHORS
N° d'impression : 10714F — Dépôt légal : septembre 1991 — *Imprimé en France*